王富海 著

城市更新行动

新时代的城市建设模式

中国建筑工业出版社

自序

（写作本书的三个缘由）

一、从城市发展阶段看，再城市化是中国高质量发展的主阵地，需要有效的攻坚利器

1978 年，中国城镇化率约 18%，到了 2020 年，这个数据变成 64%。学界将农村人口转变为城市人口称为"绝对城市化"，千年之交的 40 年间，中国的绝对城市化人口超过 5 亿，这是人类历史上最为壮观的一次社会运动。

支撑这个庞大运动的是中国城市的大规模快速扩张，名目繁多的开发区、新城区的成片开发成为城市扩张建设的主导模式。成片开发由规划先行，根据规划征地拆迁并做好基础开发将生地变成熟地，再将规划确定的用地类型以公益和市场两种方式进行配置，安排房屋建设与运营，简捷快速，有序成长。

成片开发模式有效推行依靠两个核心要素：一是土地财政，二是房地产市场。地方政府向市场出售经营性土地使用权一次性回收巨量资金，用以支付基础设施和公共设施建设，并对产业的招商引资进行补贴，培养长期税基，形成土地财政支撑下行之有效的扩张模式。全国性的住房市场化政策在 1998 年开始推行，短短 20 年内形成了史无前例的巨量市场规模，成为国民经济的支柱产业和百姓生活的第一消费项，更推动

城市土地经营加速扩张。这种外延式发展模式惯性巨大，难以刹车。

然而，城市犹如其他有机体一样，体积的长大终究有限，质量的提升方为常态，转型的时候还是到了。

学界既然定义了"绝对城市化"，也同时准备了"相对城市化"，即不断提高城市文明程度和运行水平的过程。诺贝尔经济学奖获得者约瑟夫·斯蒂格里茨有一句名言："21世纪将会有两件大事影响人类的进程：一个是以美国为首的新技术革命，另一个就是中国的城市化。"很显然，能够影响世纪发展的中国城市化，不仅是短期内快速提高的绝对城市化水平，更是中国城市不断变强、变优、变美的进程。

借用一个更为形象的词汇——"再城市化"，来表达从绝对城市化向相对城市化转型的进程。再城市化，不是原城市化的复盘，而意味着新的目标、新的要素、新的模式和新的机制，对于中国经济社会发展的新常态来讲，刻不容缓，且不容有失。

再城市化的核心资源以存量为主，增量为辅，部分城市还需减量。与大刀阔斧的新区开发相比，存量提质需要更现实地着眼、更细致地着手并更系统地推进，复杂性、科学性与迫切性成倍提升，必须要打造与之相适应的操作工具。

党中央决定实施的"城市更新行动"可以理解为再城市化的有效工具。但需要我们深刻理解，积极谋划，精细设计，认真使用并反复研磨，才能成为推进新时期城市高质量发展的利器。

二、从规划技术角度看，要超越对城市更新的专业理解，城市更新行动应当成为再城市化的全新建设模式

2020年，中共中央第十九届五中全会决定在全国实施城市更新行动，迅速引发社会热议，各界分别在不同角度解读城市更新行动。设计界习惯性地聚焦微观层面的建筑维护与功能演化——公共空间——街道社区（厂区、片区）更新项目，规划界在中观尺度上研究专题——专项——分区（行政区、开发区、功能区）的更新策略，地产界发掘城市"再开发"的机遇，经济界讨论城市更新投入产出的宏观政策。地方实践也及时跟进，若干城市出台城市更新规则，更新类项目的招投标一时火热，媒体也大张旗鼓地宣传各类成功案例，但基本以项目为主。显然，大家关注的热点在于"城市更新"，而对"行动"二字的含意鲜有探究，两个连起来的"城市更新行动"有何意义也难以看到深度解读。

城市更新是久已有之的专业理念，借助保护、重建、改造、再造、复兴、美化、再开发、织补、维护、修复等相近词汇，表达对城市现状在不同方面进行不同方式的逐步改善，这是城市长周期持续发展的必然选择。

但在中国五千年历史上，毕竟仅仅在最近的 30 多年才跑步进入城市社会，且在快速扩张中对绝大部分历史存量以残旧低效为由进行大拆大建，城市更新在专业实践和理论研究中更多体现为微观层面的建设项目，以及历史文化名城保护的中观规划，基本没有在宏观上、体系上推进城市更新的良好先例，对进入更新阶段的建设模式并没有做好准备。

2014 年我到乌克兰克里米亚半岛（离开不久，该半岛投入俄罗斯）做项目，住在如教科书般标准的居住区里，感受到了苏式建设模式，但当时年久失修后呈现的破败至今仍历历在目！可见大规模建设过后，如果不能及时建立城市维护更新的有效机制，城市的未来并不都是如梦所期，甚至可能出现较大比例的衰退。

因此，我们必须跳出"城市更新"这个专业词汇，在存量阶段城市建设、维护和运营的模式上理解中央实施城市更新行动的意义。首先，更新在词义上更容易理解为"万象更新"，城市作为复杂综合体，"万象更新"似的改善更加贴切。其二，"行动"带有鲜明的即时操作指向，不似"战略"的周期性，更不同于"规划"的长期性。将两者合起来，可以理解为"不断而逐步对城市进行更新改善的全方位操作"。

何为全方位？将实施城市更新行动作为城市政府的主要任务，开展全方位能操作的规划，制定全面的实施计划，调动政府、企业和社会的多种力量执行计划，一年一周期，当年有改善，年年有侧重，十年见奇效。

如果说，新区开发的特征是规划目标引领建设，城市更新行动就是对城市现状进行渐进式改善，这确实是模式性的转型。

三、从个人专业追求看，城市规划理想要从云端构建回归现实参与，城市更新行动是规划转型的又一次良机

我 1981 年入读同济大学城市规划专业，入行 40 年，可以分成前后两个 20 年。

前 20 年学习并实践规划理想与技能，特别是 1993 年未满 30 岁主持深圳第二轮总体规划（后简称为：96 总规）编制，努力将改变现实、塑造理想的专业精神发挥到极致，并在其后参与深圳规划制度改革设计中得到进一步锤炼。

2001 年，96 总规实施 5 年后，我带团队做了"深圳总规实施检讨和未来五年对策"课题。一边是 96 总规刚获得国际建协城市规划专项奖（阿伯克隆比爵士奖，至今仍是亚洲唯一），另一边是评估下来，96 总规的实施效果不佳。如此巨大的反差，让我对规划用终极蓝图导引当前建设的作用方式产生怀疑和批判，得出总体规划要"近实远虚"、远处着眼近处着手的理念，并在课题的未来五年对策中突出了近期急需且可操作的内容。

这一年的这个项目，成为我专业历练的转折点。

其后 20 年，我致力于探讨"务实规划"（2004 年主编《务实规划——变革中的创新之路》），并演化到研究"行动规划"理论和实践（2018 年著述《开创城市规划 2.0：行动规划十年精要》），带领团队从"行动规划"又扩展到"运营咨询"业务，不断提高规划的实操效能。在我努

力推动的城市总体层面"近焦距行动规划"方面有过三次机会：

第一次是 2003 年国务院七部委发文要求全国城市编制 2003~2005 近期建设规划，这是近期建设规划首次单独编制，之前都是在远期总体规划中最后搭配近期规划。我因刚刚完成"深圳总规实施检讨和未来五年对策"受邀在全国研讨班交流经验，作为《城市规划》杂志编委组织了近期规划专题文章，并在规划年会作"调整规划焦距，开展近期规划"的大会报告，我主导的深圳近期规划获得了建设部当年诸多申报项目中近期规划类唯一的一等奖，成为其后近期建设规划的主要范本。

2005 年国务院九部委再次发文要求全国城市与"十一五规划"同步编制五年近期建设规划，我向深圳市政府建议增加制订近期建设规划的年度实施计划，得到采纳。深圳成为全国唯一坚持城市建设年度计划的城市，但没有进一步的政策，其边际影响力逐渐式微。

2009 年《城市规划法》修订为《城乡规划法》，近期建设规划作为规划实施的主要工作列入《规划法》，本是规划体系改革的一次重大机遇，但主管部门再也没有认真组织近期建设规划的落实推进，近期建设规划名存实亡。

第二次机会是"城市双修"。2016 年住建部根据上年末召开的中央城市工作会议要求，结合三亚市工作经验，部署在全国城市开展包含城市修补和生态修复两项内容的"城市双修"工作。"双修"工作的内容涉及城市各方面需要，工作要求实施见效。与近期建设规划作为一项"规划"相比，"双修"则突出"行动"，周期更短，内容更实，组织更周密，效果更显著。

我认为"城市双修"是比近期建设规划更能将政府资源全面调动起来，全面而渐进式地改善城市的组织方式。在许多场合的研讨与授课中，我在建设部作出的制度安排基础上提出两点建议：第一，"双修"不能是部门职责，只有上升为政府一把手的工作重点，各部门分工协作，全社会共同推进，才有实战效果；第二，"双修"不是一次性制作的大片，应当以年度为周期逐步推进，成为连续剧，认认真真修炼十年，中国城市的质量将大幅度提升。我们公司积极投入力量承担几个试点城市的"双修"规划，意外地在深圳一个街道得以实施，并逐年跟进，效果良好。

可惜的是，"双修"工作同样因为主管部门推动力度减弱，后续政策跟进不力，迅速降温并已偃旗息鼓。

第三次机会即为本次城市更新行动，我将其看作"城市双修"的升级版。在名称上更加正式，在内容上更加聚焦，在发动上从部委上升到党中央，在意义上不仅推动城市的渐进式改善，更是在国家大举投资于城市群、乡村振兴、新基建和双碳等战略的同时，重新投入效益最高的城市发展，成为国家高质量发展的主要发动机。

我甚至认为，应当将城市更新行动上升为"国家城市更新战略"，直接表明其在国家治理中的重要性和方向性，及早纠正各种片面理解，实施更有利的措施强力推行，成为中国城市进入以存量提质阶段的城市建设模式，充分调动人力、物力、财力、组织力和市场力，开创21世纪中国城市新时代的新模式，推动城市年年更新、年年改善、年年进步。

具体建议，请走进本书。

2022 年元月

写在前面

（本书的几对名词释义兼作导读）

城市更新—城市更新行动

"城市更新"，一般理解为对城市建成区开展的城市空间形态与功能的持续完善和优化调整，但在许多人的概念里，倾向于将其简单地理解为以拆旧建新为主的旧城改造。

"城市更新行动"，在本书中特指国家顶层设计提出的新概念，它不仅要求防止大拆大建，而且也远远超越了物质空间优化改善的范畴。我们将其解读为进入新的发展时代后所必须建立并完善的一种可持续的城市建设模式。

增量—存量

"增量"，一般理解为通过城市扩张形成的新增建设量。通常是指新投入建设用地进行扩张建设，我们把原来旧城改造中大拆大建、增加开发强度和密度的行为也理解为另一种形式的增量扩张。

"存量"，是指城市建设积累下来的现存建设量，是城市花费巨大代价形成的存量资产。在新增建设量受到严控的政策要求下，存量盘活和优化可以促进城市已有物质空间资产发挥更大、更好的价值，从而为社会经济的持续发展服务。

"A 模式"—"B 模式"—"C 模式"

"A 模式"是以高碳化石能源和线性经济的物质过程为特征的传统发展模式。"B 模式"是以低碳可再生能源和物质再生性利用为特征的可持续发展模式。

对于中国许多城市而言，过去的快速发展是"A 模式"，已经达到或接近资源环境承载力的上限。而"B 模式"意味着"减增长"，不适合我国作为发展中国家的国情。这就意味着我们必须寻找"C 模式"，也就是以生态文明理念为指导，通过资源能源的高效使用和完善管理，在积累物质要素的同时持续提升发展的活力和效率。这也是将城市更新行动作为一种可持续的城市建设模式的要义所在。

乡土中国—城市中国

"乡土中国"，最初因费孝通先生的书名而广为人知，本书中作为与"城市中国"相对的概念，指代之前城镇化率较低、以乡村社会为主体的时代。

经历了世界历史上规模最大、速度最快的城镇化进程以后，城市已成为我国经济、政治、文化、社会等方面活动的中心，城市建设成为现代化建设的重要引擎，标志着我国已全面进入"城市中国"时代。

城市化 1.0—城市化 2.0

"城市化 1.0"阶段，是我国改革开放后城市化率快速攀升的时代。与之对应，城市进入快速建设期，城市人口和用地规模迅速增加，成为经济社会发展的"主战场"。同时由于城市服务功能和环境品质难以满足需求，累积了一系列矛盾和问题。

"城市化 2.0"阶段，是指近年城镇化率增速下降并趋于稳定的时代，同时也意味着城市从快速建设期转入盘整优化期，从数量增长转为质量提升。

土地财政—土地金融

在本书中，"土地财政"用来笼统地指代通过政府土地出让收益获取发展资金的现象，"土地金融"则指通过土地信贷等融资行为获得资金的现象。本质上，两者都是"以土地换资金"，本书未刻意对两者进行区分。

赵燕菁教授对"土地财政"和"土地金融"的概念差异另有更为精到的论述。本书赞同其观点，但基于习惯用法，没有完全遵循其概念区分。

开发—运营

"开发"一般指依附新增土地的城市新增建设行为，如新区开发、新城开发。

"运营"在本书中特指对城市各项空间资源要素进行盘整、激活、调度及优化利用，实现资源综合价值最大化。随着城市发展转型，许多房地产企业已经敏锐地从"开发商"向"运营商"转型，但一些城市政府的思维还停留在"开发"阶段，向新增土地要发展空间。

建设时代—运营时代

与城镇化阶段的划分相对应，"建设时代"指城市以新增建设为主的时代，城市规模迅速扩张，框架不断拉大，但发展模式较为粗放，并因高速发展迅速形成路径依赖。

"运营时代"意味着城市建设重点转为存量资源的持续运维，上一时期被忽视和累积的各类矛盾与问题对城市治理提出新的挑战，需要我们探索新的城市建设模式和工作机制。这也是本书认为"城市更新行动"是时代切换后城市建设模式转变重要抓手的立论依据。

城市规划 1.0—城市规划 2.0

"城市规划 1.0"，对应于城市建设时代，城市规划更多为自上而下编制，服务于城市空间拓展和新增建设，关注点在提供各种尺度的"好方案"。

"城市规划 2.0"，对应于城市运营时代，城市建设的重点由增量扩张转为存量运营，面对问题更为复杂，所需手段更为综合，仅通过蓝图式的方案已无法解决，需要的是有助于提高运营效率的"好服务""好操作"。

城市建设模式的转变意味着城市规划工作方式的转变。我们认为，城市规划行业必须积极应对时代切换，重新思考城市规划的价值与作用，逐渐从单纯的规划设计编制向多元的规划实施保障转型，从而服务于运营时代城市"渐进式改善"——也就是城市更新行动的需要。

目录

自序

写在前面

城市更新行动：溯源

/002

城市更新行动：模式

/032

城市更新

是城市发展的常态。

不止是物质层面的改善，

更在用系统性思维和手段创造

高质量和具有持久活力的城市生活。

从旧区改建到
万象更新，
从行动部署到
新方法论，
这才是
城市更新行动。

城市更新行动：溯源

2020 年，中国的城镇化率达到 63.89%，虽然与发达国家超过 80% 的城镇化率仍存在差距，但相较改革开放初期不到 18% 的城镇化率，40 年声势浩大的城镇化可谓改天换地。

短时期内如此巨大的社会运动，所伴随的是更为剧烈的空间变动。大量土地转化为建设用地，并形成大规模的"城市建成量"，粗放的外延式建设造就越来越显化的"城市病"，对生态环境、地方特色及历史文化造成破坏。2020 年底，党的十九届五中全会提出实施"城市更新行动"。

如何理解城市更新行动，近一年来社会各界积极探讨，各有侧重，莫衷一是。面对中国城市历史节点上国策级别的大政方针，如果不能正本清源，达成共识，形成机制，恐怕会贻误转型发展的有利时机，这就是本书写作的初衷。

认知的前提是要回归对城市发展的基本理解。回望世界城市的发展，几乎都是一边发展，一边更新，发展也是更新的一种形式。更新、更新、再更新，是城市作为有机生命体与生俱来的、循环往复的新陈代谢现象。只不过，中国近 40 年城市建设的主旋律都以扩张新建为主，面对已经到来并将长久持续的存量提升形势准备不足。

城市是不断更新的有机生命体

城市是一门科学，它像人体一样有经络、脉搏、肌理，如果你不科学地对待它，它会生病的。

——梁思成

"罗马不是一天建成的。"罗马城当然也不是一天建好的。

伟大的创造与成就都需要时间的积累，城市也一样。城市既非生而有之，也非生而不变。随着城市研究的不断进展，人们更深入地认识到，城市可以被看作一个复杂、自组织[1]的生命体，它是不断生长的，有细胞、组织、骨骼、神经，有循环系统、消化系统等，它也像人一样经历"生、老、病、死"。正如梁思成先生所说："城市是一门科学，它像人体一样有经络、脉搏、肌理，如果你不科学地对待它，它会生病的。"[2]

以中国传统的"天人合一"思想，城市与生命体之间的对应关系更容易建立并加以比较。新陈代谢、自适应、应激性[3]、生长发育和遗传变异，是生命体所具有一系列典型特征，其中新陈代谢是最基本、最显著的现象。同样，城市生命体理论也指出，新陈代谢是城市生命体赖以生存和发展的首要特征。

[1] 自组织是指一个系统在内在机制的驱动下，自行从简单向复杂、从粗糙向细致方向发展，不断地提高自身的复杂度和精细度的过程。

[2] 梁思成先生在20世纪五六十年代针对首都规划时提出这一观点，他还预言："北京城作为一个现代化的首都，它还没有长大，所以它还不会得心脏病、动脉硬化、高血压等病。它现在只会得些孩子得的伤风感冒。可是世界上发达国家的经验是有案可查的。早晚有一天你们会看到北京的交通、工业污染、人口等等会有很大的问题。"

[3] 应激性是指生物感受外界刺激并作出有利于保持其体内稳态，维持生命活动的应答反应。

　　城市生命体通过持续的新陈代谢来实现正常运转，通过自适应机制和应激机制，不断应对内外部环境的变化，进行组织与自组织调节，以达到新的代谢平衡。在这个不断的自适应和应激调节过程中，城市的功能和结构不断进行演化，体现出遗传和变异的特征，整体呈现出螺旋向上的生命发展规律。

　　广义地认为，这一新陈代谢的过程就是城市更新。通过城市更新，城市不断淘汰和替换与发展不相适应的功能、物质系统和载体等，来维持城市的基本运转和持续生长。

　　而城市更新在城市发展中的作用不止于此。

　　城市的发展壮大是一个螺旋上升的过程，在发展到一定阶段后会遇到瓶颈。要跨越发展瓶颈，城市需要转变发展模式，推动城市发展跃迁至一个新的阶段，引导城市进入新的成长轨道。这个过程超越了生命体常规状态下的自我生长，在外部环境变化下进行了变异和进化。

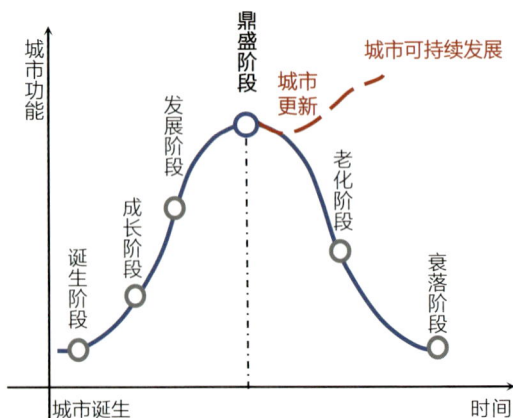

图 1　城市发展过程和城市更新

资料来源：叶耀先. 城市更新的目标、步骤和走向 [J]. 城乡建设，2016（6）: 8–12.

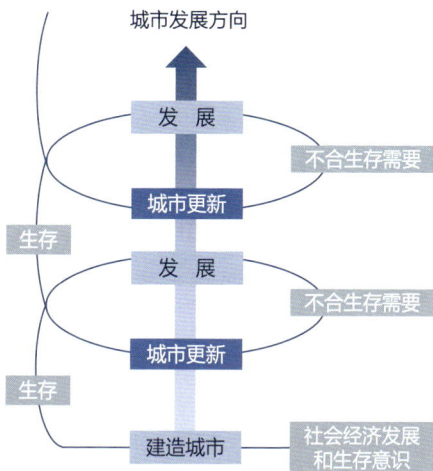

图2　城市更新在城市螺旋式上升发展中的作用
资料来源：叶耀先 . 城市更新的目标、步骤和走向 [J]. 城乡建设，2016（6）：8–12.

城市更新正是因进化而促使城市发展转型升级，迈入新发展阶段的重要驱动。

　　绝大多数城市，都不断地经历着建筑的新旧交替、功能的调整更迭，乃至社会发展的物换星移。从这一角度看，城市的整个历史就是一部逐渐更新史，城市更新是每个城市发展过程中的一种不可规避的"常态"。

城市更新概念进化论

城市更新概念演变的每一步，都是城市发展的一次胜利。

"城市更新"这一名词是一个舶来品，对应的英语概念包括"urban redevelopment、urban renewal、urban regeneration、urban renaissance"等。不同的概念，又分别对应着人们对城市更新不同阶段的不同认识。

在第二次世界大战后，欧美发达国家大多经历了大规模的城市重建和高速的城市化进程。为了重建受战争破坏的城市，解决大量移民的住房问题，同时应对家用汽车的迅猛发展，各国均开展了政府主导、以大规模拆除重建和清理贫民窟为主要模式的城市更新运动，以适应汽车时代的到来，推动城市经济的振兴，改善城市设施和环境问题。

1949年《美国住宅法》（The Housing Act）中加入的"urban redevelopment"，可直译为"城市再发展"，主要是针对市中心区的拆除重建。之后，"城市更新"作为一个专有名词被正式提出并引起广泛关注。1958年8月在荷兰海牙召开的城市更新第一次研讨会上，对城市更新做出了相对权威的定义，提出"有关城市改善的建设活动，就是'城市更新'（urban renewal）"。

这一阶段的城市更新，主要目的是改善城市物质环境衰败和功能缺失的问题，侧重于物质空间改善和复兴。正如1985年比森克（Buissink）在海牙召开的国际住房与规划联合会世界大会的会议报告中所提出的"城市更新是旨在修复衰败陈旧的城市物质构件，使其满足现代城市功能要求的一系列建造行为"，这是对狭义的城市更新在早期体现出单纯物质更新特征的深刻揭示。

1970—1980年代，为应对全球经济危机以及郊区化导致的内城衰败现象，城市更新被赋予了振兴城市经济的新任务，从此城市更新不再局限于单纯的物质层面。市场机制被引入城市更新过程中，通过强化政府与私有部门之间的合作推动旧城开发，来刺激城市经济发展，恢复城市中心区活力。

到1990年代，在可持续发展和人本主义理念的影响下，城市更新的目标和内涵进一步扩展到经济、社会、环境等更多的维度。城市更新更加注重人的需求，强调社区层面的公众参与，以渐进方式改进城市，强调以持续的、合作的、参与的方式合理解决城市问题，并寻求更加有效的管治手段和运行机制。

城市更新概念内涵的演化早在1977年英国《内城政策》白皮书中就初显端倪："城市更新是一种综合解决城市问题的方式，涉及经济、社会文化、政治与物质环境等方面，城市的更新不但在物质环境部门，亦与非物质环境部门联系密切。"而英国城市更新协会最佳实践委员会主席罗伯茨（Peter Roberts）在2000年也提出："城市更新（urban regeneration）是用一种综合的、整体性的观念和行为来解决各种各样的城市问题，致力于通过经济、社会、物质环境等各个方面对变化中的城市和地区做出长远的、持续性的改善和提高。"

1999年，英国政府组织成立的"城市工作专题组"完成了《迈向城市的文艺复兴》（Towards an Urban Renaissance）研究报告，首次将"城市复兴"的意义提高到了等同于"文艺复兴"的历史高度。报告一经出台就造成了广泛影响，并被称为"新世纪之交最重要的有关城市问题的纲领性文件之一"。报告指出，城市的复兴是要"创造一种人们所期盼的高质量和具有持久活力的城市生活"。此后，城市复兴作为一项重要的社会运动，引导了英国系统性的全方位政策设计。

随着城市复兴运动的展开，城市更新进一步强化了其综合属性，内涵更加丰富和深化，并且被认为是公共政策的重要组成部分，继而在城市发展中的地位和作用也提升到了一个更高的层次。

【延伸阅读】

城市更新作为公共政策的三个维度

在西方国家的实践中，城市更新被认为是"城市政策"这一更宽泛概念的重要组成部分。从公共政策的视角我们可以看到，城市更新的概念内涵是如何在问题、操作、性质三个维度上逐渐丰富化的。

问题维度。城市更新的首要目的就是解决城市问题，其内涵也随着城市问题的增加和变化而不断扩展。如今，随着城市问题愈加综合和复杂化，城市更新作为改善城市物质、经济、社会、环境等目标的综合行动的认识得到了更加广泛的共识，其地位也愈发重要。

操作维度。要解决不同的城市问题，必然也要采取不同的更新操作。尺度上，城市更新一般分为国家、都市圈、城市、功能单元、社区单元和特定地区六个层面，各层面城市更新的关注重点、内容、方式方法等都有所不同。内容上，城市更新经历了从功能修复式的居住区改造和公共设施完善，到为了推动经济发展进行的以用地性质变更为主的内城振兴，再到关注城市品质提升的功能升级和综合利用的演化过程。方式上，当前由拆除重建、功能改变和综合整治三种模式组成的更新方法体系，也是随着城市发展逐步扩展形成的。

性质维度。 目标和内涵的不断增长使城市更新的性质发生变化。最初只是作为一项解决城市具体问题的措施，比如清理贫民窟、公共设施和住房建设等。在经过长期实践积累后，城市更新逐渐被总结形成了一系列不同的方法。之后，随着城市更新逐渐为大众所熟悉和接受，又进一步形成了一组人们愿意遵守的城市发展建设的行为准则，并在此基础上形成了城市更新的理论和概念。此外，为了保障城市更新的顺利实施并取得预期的成效，还必须形成一套相对成熟的模式和机制，来协调日益复杂和紧密的利益相关方之间的关系。从政府主导到引入市场机制，再到"公、私、社区"三方合作，不同国家和地区都在探索中构建了基于自身条件和特征的更新机制，并通过各种配套政策不断地补充完善，以符合当时的需求。

解读中国
『城市更新行动』

城市更新行动，是一个城市建设的新模式，一个转变城市建设管理全局的立足点。新阶段、新理念、新格局，是城市更新行动的时代背景和深层要求。

2011 年，我国城镇化率突破 50%，正式进入城镇化的"下半场"，城镇化速度逐渐趋缓并将稳定，城市发展也渐渐进入一个稳定期。面对这一客观规律和形势，国家出台多个相关政策，部署新时期城镇化发展和城市建设工作。从相关文件和会议精神中，不难解读出相比传统的旧城改造，"城市更新行动"是城镇化"下半场"城市更新的主要内涵与要求。

2013 年中央城镇化工作会议明确指出，**未来城镇化的关键是提升质量**。城镇建设要严控增量，盘活存量，优化结构，提升效率，并提出了"新型城镇化"的发展理念。随之出台的《国家新型城镇化规划（2014—2020 年）》定义了"以人为本、四化同步、优化布局、生态文明、文化传承"的中国新型城镇化道路，并针对城市建设明确提出"加快转变城市发展方式，优化城市空间结构，增强城市经济、基础设施、公共服务和资源环境对人口的承载能力，有效预防和治理城市病"等要求。

2015 年中央城市工作会议召开，再次明确今后一段时期城市工作的指导思想是"**转变城市发展方式**，完善城市治理体系，提高城市治理能力，着力解决城市病等突出问题……"，并提出"五个统筹"①的具体要求。这个阶段的中央文件已

① "五个统筹"指《中共中央关于完善社会主义市场经济体制若干问题的决定》提出的"统筹城乡发展、统筹区域发展、统筹经济社会发展、统筹人与自然和谐发展、统筹国内发展和对外开放"的要求。

经把"转变城市发展方式"作为中国城市发展的首要思路。

进入 2020 年代后，国家文件开始旗帜鲜明地提出实施"**城市更新行动**"。

《中共中央关于制定国民经济和社会发展第十四个五年规划和二〇三五年远景目标的建议》在"推进以人为核心的新型城镇化"一节开宗明义地提出："实施城市更新行动，推进城市生态修复、功能完善工程，统筹城市规划、建设、管理，合理确定城市规模、人口密度、空间结构，促进大中小城市和小城镇协调发展。"

虽然在如此重要的文件中不可能对城市更新行动的来龙去脉作出更多表述，但明显可以看出，城市更新行动秉承了中央城镇化工作会议和中央城市工作会议精神，站位颇高，立足长远。

为此，住房和城乡建设部（后文均统一称为"住建部"）部长王蒙徽署名发表了《实施城市更新行动》一文，阐释了实施城市更新行动的重要意义和 8 项目标任务——完善城市空间结构，实施城市生态修复和功能完善工程，强化历史文化保护、塑造城市风貌，加强居住社区建设，

重要意义

- 是适应城市发展新形势、推动城市高质量发展的必然要求。
- 是坚定实施扩大内需战略、构建新发展格局的重要路径。
- 是推动城市开发建设方式转型、促进经济发展方式转变的有效途径。
- 是推动解决城市发展中的突出问题和短板、提升人民群众获得感、幸福感、安全感的重大举措。

目标任务

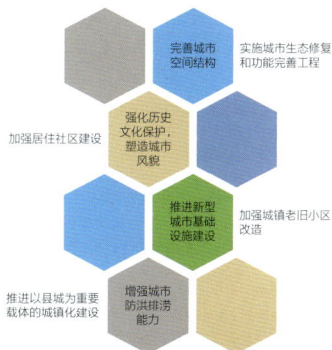

图 3　城市更新行动的重要意义和目标任务

推进新型城市基础设施建设，加强城镇老旧小区改造，增强城市防洪排涝能力，推进以县城为重要载体的城镇化建设，并针对完善住房制度和提高城市治理水平两个方面进行了补充阐述。这些论述，让城市更新行动摆脱了狭隘的旧城改造视野，体现了工作要求的宏观性和全局性。

然而，之后发布的《中华人民共和国国民经济和社会发展第十四个五年规划和2035年远景目标纲要》中，城市更新行动出现在"全面提升城市品质"一章的帽段中，而这一章与加快农业转移人口市民化、完善城镇化空间布局并列于第八篇"完善城镇化战略 提升城镇化发展质量"之下。优化提升超大特大城市中心城区功能、完善大中城市宜居宜业功能、推进以县城为重要载体的城镇建设等举措，则分别出现在不同章节当中。

国家发改委出台的《2021年新型城镇化和城乡融合发展重点任务》中并未将城市更新行动作为文件的总体要求，而仅仅体现在城市建设一章作为一个小节阐述，并与住房建设、绿色智慧城市建设等并列，让人未免有遗珠弃璧之叹。

在这样的背景下，下沉到实施层面，地方城市围绕城市更新行动，自然出现了不同方向的理解和操作。有的将城市更新定义为"在本市建成区内开展持续改善城市空间形态和功能的活动"，工作内容接近于住建部关于城市更新行动的工作要求；有的则将城市更新与老旧房屋改造提升、老旧小区改造提升并列，仍取其狭义概念。这实际上是在具体工作部署中对城市更新行动的"矮化"。

2021年8月底住建部印发了《关于在实施城市更新行动中防止大拆大建问题的通知》，9月初中共中央办公厅 国务院办公厅印发了《关于在城乡建设中加强历史文化保护传承的意见》，在某种程度上，可以视为中央和部委对城市更新行动的进一步"解释"，直接从"要"和"不要"的工作要求角度，来辅助界定城市更新行动的特征和内涵。11月，住建部办公厅又发布了《关于开展第一批城市更新试点工作的通知》，要求以北京等 21 个城市（区）作为试点，因地制宜探索城市更新的工作机制、实施模式、支持政策、技术方法和管理制度。

三个月内的密集发文，将城市更新行动的热度不断推向新高，定位的力度也不断加大，但尽管在"试点通知"中已经明确阐释了城市更新行动的工作目的之一为"转变城市开发建设方式"，并"推动城市结构优化、功能完善和品质提升"，仍需要用两年的时间开展试点，进行三个方面的探索：（1）探索城市更新统筹谋划机制；（2）探索城市更新可持续模式；（3）探索建立城市更新配套制度政策。

由此可见，城市更新行动作为存量时代的城市建设模式，其具体工作的难度相当之大；同时，将城市更新行动定义为新的城市建设模式，在宏观政策层面特别是涉及部委职能分工方面，仍需步步为营，缓缓推进。而笔者作为亲身参与中国城市狂飙进程的一线规划师，则认为转变城市建设模式至少在 10 年前就应该探索推行。现在才开始的试点，经过几年来"城市双修"的工作实践，在技术上难度不大，应当可以作为试点中的稳定项，更快地明确下来，而将试点工作的重点应放到相关的要素支持、组织方式和政策设计上来。

【延伸阅读】

地方政府有关城市更新行动的最新文件摘录

为响应"实施城市更新行动"要求的提出，各地开始制定出台统筹推进城市更新的政策文件。其中也反映出，在中央文件对城市更新行动阐述不明的情况下，各地差距甚远的理解和操作。

相较于以往政策文件中的城市更新，新出文件中对城市更新行动的理解，主要有两个方向。一是"强化"，如上海、重庆；一是"弱化"，如北京、天津。

《上海市城市更新条例》将城市更新定义为"在本市建成区内开展持续改善城市空间形态和功能的活动"，要求坚持"留改拆"并举、以保留保护为主，遵循规划引领、统筹推进，政府推动、市场运作，数字赋能、绿色低碳，民生优先、共建共享的原则。

工作内容具体包括：（1）加强基础设施和公共设施建设，提高超大城市服务水平；（2）优化区域功能布局，塑造城市空间新格局；（3）提升整体居住品质，改善城市人居环境；（4）加强历史文化保护，塑造城市特色风貌；（5）市人民政府认定的其他城市更新活动。

《重庆市城市更新管理办法》将城市更新定义为"对城市建成区城市空间形态和功能进行整治提升的活动"，要求城市更新应当遵循"政府引导、市场运作，改革创新、统筹推进，以人为本、

共建共享"的原则。

主要工作内容包括：（1）完善生活功能，补齐公共设施短板；（2）完善产业功能，打造就业创新载体；（3）完善生态功能，保护修复绿地绿廊绿道；（4）完善人文功能，积淀文化元素魅力；（5）完善安全功能，增强防灾减灾能力。

《北京市人民政府关于实施城市更新行动的指导意见》将城市更新定义为"对城市建成区（规划基本实现地区）城市空间形态和城市功能的持续完善和优化调整，是小规模、渐进式、可持续的更新"，提出城市更新应坚持"规划引领，民生优先""政府推动，市场运作""公众参与，共建共享""试点先行，有序推进"4项原则。

主要更新方式包括：（1）老旧小区改造；（2）危旧楼房改建；（3）老旧厂房改造；（4）老旧楼宇更新；（5）首都功能核心区平房（院落）更新；（6）其他类型。

《天津市老旧房屋老旧小区

改造提升和城市更新实施方案》将老旧房屋改造提升、老旧小区改造提升和城市更新区分为 3 类不同的工作类型。其中，老旧房屋改造提升是针对城市建成区范围内非成套住房和危房进行成套化改造，完善功能设施，改善人居环境。老旧小区改造提升是针对全市城镇范围内建成年代较早、失养失修失管、市政配套设施不完善和社区服务设施不健全、居民改造意愿强烈的住宅小区（含单栋住宅楼）实施改造，改善居民居住条件。

而城市更新则是针对城市建成区及其他市人民政府确定的城市重点区域内进行的城市空间结构调整、城市生态修复和功能完善、历史文化保护和城市风貌塑造、城市基础设施建设、新产业新业态融合发展等综合整治、拆除重建或两者兼顾的规划建设活动。

正因如此，我们要深刻理解当前提出城市更新行动的背景和历史意义，应自觉将城市更新行动与国家的发展战略和大政方针相结合。"十四五"期间，国家总的战略导向是"三新"，即"立足新发展阶段、贯彻新发展理念、构建新发展格局"。这"三新"虽然指向的是国家经济社会发展全局，但亦可对应目前城市发展的实际。

① 详见习近平总书记发表在 2021 年 5 月 1 日第 9 期《求是》杂志上的重要文章《把握新发展阶段，贯彻新发展理念，构建新发展格局》。

新发展阶段，是指中国进入全面建设社会主义现代化国家的新阶段。

这一阶段的主题是"推动高质量发展"。对于城市来说，经历改革开放 40 年来的迅猛发展，在生态文明和可持续发展理念下，继续依靠增量解决城市发展问题的惯性思维已不可持续，应当顺应城市的生命周期，进入可持续的稳定发展和优化发展新阶段。

新发展理念，是指中央提出的"创新、协调、绿色、开放、共享"五大新理念。

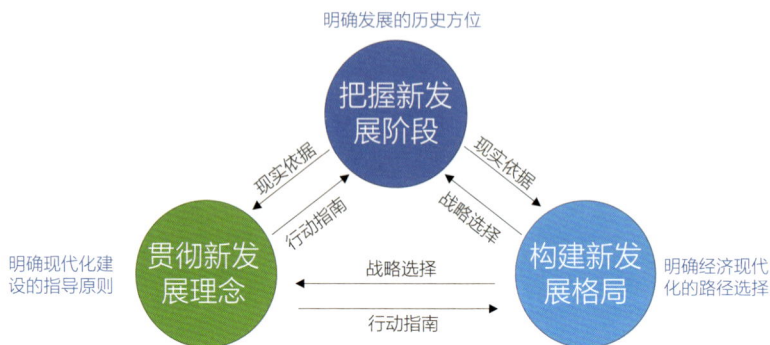

图 4　新发展阶段、新发展理念、新发展格局之间的相互关系

　　新发展理念实质上构成了城市建设和发展的基本指导原则。"创新"是城市发展的基本动力，"协调"是优化城市、城乡格局的基本要求，"绿色"是城市可持续发展的必要条件，"开放"是城市繁荣和活力的环境保障，"共享"是以人民为中心、建设美好城市的本质体现。

　　新发展格局，是指加快构建以国内大循环为主体、国内国际双循环相互促进的新格局。

　　构建新发展格局，必须具备强大的国内经济循环体系和稳固的基本盘。城市已成为中国经济发展的火车头和发动机，是国内国际经济循环的基本支撑，在扩大内需、强化国内经济循环体系中占绝对主导地位。城市的建设和发展，必须从扩大内需、创新供给、提振消费的重要方面加以重新思考。这也是"城市更新行动"被纳入 2020 年底的中央经济工作会议讨论范围的重要原因。

　　立足新阶段，贯彻新理念，构建新格局，意味着我们必须审视以前的城市发展模式，一方面要尊重城市发展规律，接受与顺应城市新发展阶段的客观实际；另一方面要进行深刻的评估检讨，"剜肉补疮"，实事求是地解决当前"城市病"问题和固化在城市治理思维中的路径依赖问题。

在此背景下，城市更新行动拥有了更加重要的意义。

第一，实施城市更新行动，要顺应城市发展要求，促进城市开发建设方式转变。

经济学家张五常认为，以县际竞争为代表的地区间竞争，是中国改革开放以来经济迅猛发展的根本原因①。在这种以经济增长为导向的"地区间竞争"背景下，"土地财政"制度——由城市土地国有、征地拆迁补偿、国有土地"招拍挂"、土地用途管制、土地划拨制度、中央与地方分税制和中央地方事权划分等一系列规则共同构成——是最有效的经济发展工具，城市是最重要的经济发展平台，新区开发成为最主流的经济拉动方式。

① 张五常.中国的经济制度[M].北京：中信出版社，2009.

1990—2019 年，全国城市建设用地面积从 1.1 万 km^2 激增至 5.8 万 km^2，全社会固定资产投资总额从不足 5000 亿元激增至 56 万亿元。20 年间，房地产开发投资额所占比重总体呈上升趋势，2019 年达到了 23.57% 的历史最高点，足见城市建设方式与房地产开发、经济发展方式与土地财政的捆绑日渐紧密。

同样是 2019 年，我国常住人口城镇化率首次超过 60%，已经步入城镇化较快发展的中后期。土地的超前开发与供给，使大量城市普遍形成了低质、低效开发的新城新区，正在成为地方政府的"负资产"。中国城市要走出一条内涵集约式高质量发展的道路，必须实现城市建设方式从大规模增量建设向存量提质改造和增量结构调整并重的转变。

这种转变之难，难在中国近 40 年城市建设的整体机制都以扩张新建为主，面对已经到来并长久持续的存量提升形态准备不足。城市更新行动的提出，既要解决城市建设方式转变的方法探索问题——渐进式改善城市，更准确地判断问题、更整体地确定行动、更协调地落实工作，成为新的建设模式，还要回应经济发展方式转变的机制重建问题——尽管土地财政模式式微，但城市建设仍是未来经济投资的重要主题，城市更新行动要站在更高的治理机制层面，更好地对城市投资需求进行谋划，更有力地促进资本、土地等要素根据市场规律和发展需求进行优化再配置。

第二，实施城市更新行动，要激活经济内生动力，畅通国内大循环。

构建新发展格局的关键在于经济循环的畅通无阻。要畅通国内大循环，形成强大国内市场，至少需从创新、新基建、改造提升传统产业、增收入促消费、提高企业投资积极性、推进要素市场化改革6个方面发力。这又涉及创新体系建设、科技成果转化、信息基础设施建设、传统产业数字赋能、增加居民财产性收入、改善营商环境、健全要素市场运行机制等诸多领域的工作[1]，是复杂的系统工程。

① 见中国经济网2020年11月21日发布的《黄奇帆独家解读双循环战略操作的重点路径和着力点》一文。

城市正处于这一复杂系统工程推进的中枢位置，是扩内需补短板、增投资促消费、建设强大国内市场的主战场。一方面要为经济社会的高质量发展提供高效的加速器；另一方面，提升城市质量需要巨大的投入，甚至是国家投资拉动战略中最有需要、也最有效率的重点领域，是国民经济与社会发展的关键所在！在扩张建设时期，国家对于城市的投入，主要通过基础设施开发和房地产开发两大领域，尤其是近10年围绕房地产业的资金链更成为宏观投资的重中之重，成为城市扩张式建设模式的核心引擎。进入内涵提质的新时期，"去房地产化"的政策体系基本形成，投放于城市的投资正在失去支点，必须要寻找一种高效的"替代方式"，能够承担国家持续对城市进行大规模投入的重任。没有这个"替代方式"，国家投资乡村振兴、新基建、城市群、基础创新的大战略中就会因减少城市投资而严重失衡。这个"替代方式"已没有可能像房地产业一样，简单清晰地把政府的条条块块、众多行业、市场及全体市民聚合在一起的"核聚变"能力，而需要直面城市发展的全方位需求，作出更全面的计划，调动更广泛的资源，建立更优化而持续的机制。从这个角度看，中央决定实施城市更新行动的意义远远不止于城市的局部改善，而是着眼于国民经济大循环战略，需要在政策设计和试点工作中得到有效贯彻落实。

实施城市更新行动能够重构和优化城市形态和功能，提振城市经济的发展动力，创造新的市场需求，拓展市场空间，促进消费需求，激活经济的潜在动能。通过对低效利用的存量空间和闲置土地的提质改造，实施城市更新行动能够提高空间资源利用效率，为智慧城市、节能环保、绿色低碳等新技术新产品提供应用场景，促进各类要素的交流和碰撞，为新兴产业的孵化创造条件。而这些产业的溢出效应也会进一步提升更新后空间的市场价值，有利于要素配置的市场化改革，助力加强国内市场建设。

第三，实施城市更新行动，要逐步提高城市空间品质，培育新的经济增长极。

科技创新是城市的基因。技术进步往往在城市里发生，又反过来促进了城市的发展。在历次技术革命中，城市的关键作用是把变革的要求集中地呈现在人们面前，并展示广阔的商业前景，吸引更多资源投入技术革命的方向。可以说，没有城市的整合效应，创新就不会持续不断地发生，生产力便不会实现"自驱动的起飞"。

实施城市更新行动通过促进城市开发建设方式的集约化、内涵化，营造了高品质的城市空间，能够吸引创新人才集聚，容纳更多创新活动，刺激新经济形态的发展壮大。城市高品质空间的增加则会拉动城市对创新的需要，提升创新要素的密度。创新人才和资源的聚集，酝酿创新冲动，最终不断转化为新的产品，而在市场机制的互动作用下，高质量新产品的出现也引领和创造了新需求。

在这样的良性循环中，新的经济增长极自然萌发。换句话说，实施城市更新行动能够提升城市开发建设的质量，通过提供高品质城市空间，提高供给质量和水平，逐步构筑良好的内需体系，使供需相互牵引，培育新的经济增长动能。

因此，站在对"三新"发展要求理解的角度，实施城市更新行动是对城市向高质量发展要求的回应，与以往的城市更新相比，其内涵被推向了最大化，是城市"万象更新"并推动城市逐步建立健全自我调节机制。

城市更新行动的提出，意味着中国城市必须主动适应宏观形势的发展变化，重新定义和设计城市发展道路。实施城市更新行动代表着国家"全局层面的顶层设计"，号召和引领中国城市走上内涵集约式高质量发展道路，并且通过城市开发建设方式的改变，反过来推动经济发展方式的转型。

从这个意义上来说，城市更新行动更像是一种方法论，而不是具体的任务表。就像 1990 年出台的《中华人民共和国城市规划法》提出了"城市新区开发和旧区改建必须坚持统一规划"的原则，但也无形中将城市更新的概念"窄化"到旧区改建这个狭小范畴里。现阶段如果急于在政策文件中将城市更新行动界定成具体的工作任务，那么，实则是对它的"矮化"。

寻找"C 模式"

中国模式，既不是"长个"的"A 模式"，也不是"减脂"的"B 模式"，它可能是"增肌"的"C 模式"。

2003 年，曾提出"21 世纪谁来养活中国人"命题的美国著名绿色思想家莱斯特·R·布朗（Lester R. Brown）在《B 模式：拯救地球，延续文明》一书中，首次提出了 A、B 两种发展模式的概念。"A 模式"是以高碳化石能源和线性经济的物质过程为特征的传统发展模式，对资源环境是不可持续的。与之针锋相对的"B 模式"是以低碳可再生能源和物质再生性利用为特征的可持续发展模式。

从"A 模式"转向"B 模式"，实质是要从追求更多的增长到追求更好的发展，但转向的路径却存在着争议。许多西方学者认为，仅靠效率改进或提高资源生产率来推动持续增长，"是不可能的，也是不可思议的"，"B 模式"的关键更在于降低增长速度，即所谓"减增长"（degrowth）。

显然，对中国以及广大发展中国家而言，两种模式都不可取。对"A 模式"，2011 年时任美国总统奥巴马就在公开采访中声称，"如果 10 多亿中国人口也过上与美国和澳大利亚同样的生活，那将是人类的悲剧和灾难……中国在发展的时候要承担起国际上的责任。中国人要富裕起来可以，但中国领导人应该想出一个新模式，不要让地球无法承担。"事实上，2014 年中央经济工作会议在阐述新常态特征时也明确指出了，我国的发展已经达到或接近资源环境承载力的上限。

对"B模式"，如同济大学可持续发展与新型城镇化智库主任诸大建教授所说，实际只适用于已有相当的物质存量的发达国家。他们在突破资源环境极限后，自然可以考虑通过降低经济增长和减少物质规模的方式重回极限之内，从而解决稳态发展问题。而广大发展中国家亟待解决的却是生存发展问题。如果再联想到2010年丁仲礼院士接受柴静采访的那段著名视频，可以发现，在国际政治中推行"B模式"很大程度上已经变成对发展中国家正当发展权利的变相剥夺。

因此，在总结"A模式"的历史教训和判断"B模式"现实缺陷的基础上，中国必须寻求一种前无古人的"C模式"——在不超过发达国家人均生态损耗的同时，提高中国的经济社会发展水平。与"B模式"不同的是，"C模式"要求在物质积累阶段就提高资源生产率，以少产多实现绿色跨越。2019年中国人均GDP是2000年的9倍，而能源消费总量只有3.3倍，就是这一思路的体现。国家"十四五"规划纲要中，更是提出了2030年前达到碳排放峰值、2060年前实现碳中和的宏伟目标。

"C模式"的另一区别在于，强调积极利用自然资本投入以及相关绿色基础设施创造经济社会发展的新动力，从而超越"B模式"下"先污染后整治"的被动式环境治理，主动实现"绿水青山变成金山银山"。

事实上，寻找"C模式"已是近年来国家发展战略的一条主线，答案就是生态文明建设。

如果说2007年党的十七大报告中首现"生态文明"一词，是对发展模式切换问题的清醒认识和方向初判；2012年党的十八大报告中"生态文明建设"被列入"五位一体"总体布局，是坚定了模式探索的战略方向和实施路径；2017年党的十九大报告将建设生态文明视为"中华民族永续发展的千年大计"，是将模式探索置于无以复加的战略高度。那么，2020年"三个新发展"重大战略判断的提出，则直接昭示着模式切换已经到了迫在眉睫的时刻。应时提出的城市更新行动，正是城市建设领域进行"C 模式"探索的具体抓手。

【延伸阅读】

从碳排放看"B 模式"适合中国吗？

在全球气候变暖的背景下，因消耗资源、能源而产生的二氧化碳排放成为国际共同应对气候变化的焦点问题。拥有碳排放的空间，即意味着拥有了经济增长的潜在机会，也即拥有了发展的权利。因此，国际上一方面就削减碳排放开展了多个层面的合作，另一方面围绕碳排放指标和减排任务的分配也产生了很多分歧和争论。

应当清楚地看到，碳排放指标与减排幅度也是发达国家与发展中国家之间为维护各自发展权进行博弈的热点之一。发达国家在应对气候变化议题上话语权占优，一味向世界推销所谓的"B模式"，呼吁发展中国家应以直接降低增长速度为代价追求低碳

可持续发展转型，却有意忽略自身已有的丰富物质积累，实际上暗含了遏制发展中国家发展的目的。发达国家历史上排放较多，发展中国家如果因为碳减排而制约了本国发展显然是不公平的，气候问题的应对理应遵循"共同但有区别的责任"这一原则。

中国在 21 世纪初加入世贸组织以后，经济体量迅速增长，能源消耗总量也节节攀升，所产生的碳排放在全球碳排放构成中占有相当大份额。欧美等西方发达国家借此以应对气候变化的"公共道义"对中国频频发难，批评中国的经济增长模式，意图打压中国发展，使得中国的减排工作面临很大的国际压力。在这样的形势下，中国提出"2030 年前碳达峰，2060 年前碳中和"分

两步走的目标，既是为了积极参与全球气候治理，顶住压力作出的郑重承诺，也是为了充分保障自身发展权，给降碳转型过程预留适当的缓冲空间。由于能源结构调整过程的长期性，中国在碳达峰前的排放仍会继续增加，在全球碳排放中的占比甚至还会有所上升，因此，有关议题的国际应对仍将面临不少困难，尤其是批评和挑战的声音[1]。必须承认，我们实现目标尚且任重道远。以深圳为例，建筑领域的碳排放是全社会碳排放的一大组成部分，占比达到25%，且近年呈逐年上升态势；然而，在深圳的 11.6 亿 m² 总建筑面积中，已完成节能改造的项目面积仅约 1950 万 m²，占总数的 1.7%。目前既有建筑中 60% 以上仍为非节能建筑，能源利用效率低。由此也可窥见在全国推动实现碳达峰任务之艰巨。截至目前，全球已有 50 多个国家实现了碳达峰[2]，中国显然还须追赶。尽早实现碳的达峰与中和，是实现国家生态文明转型和高质量发展目标的必由之路。

① 见周小川 2021 年 5 月 9 日在"2060 展望碳中和：能源、技术与投资"交流会上的发言。
② 见中央财经大学绿色金融国际研究院院长王遥在"绿色金融全球瞰"第一期沙龙上的演讲。

　　作为我国经济、政治、文化、社会等方面活动的中心，城市在发展过程中无疑也面临着同样的模式切换问题。

　　"A 模式"是"长个"，适用于城市的"成长期"，强调物质要素的积累与扩张，以至于总希望长得更快更高。其结果是，过去 40 年土地城镇化远远超过人口城镇化，常住人口城镇率远高于户籍人口城镇化率。2020 年全国常住人口城镇化率 60.65%，而户籍城镇化率仅 45.15%，相差的 15 个百分点说明，中国有 2.1 亿人离了乡但没完全进城。

　　面对这样的严峻局面，"B 模式"是"减脂"，适用于"已发福"的城市，是把摊大饼式的城市物质规模降下来；"C 模式"是"增肌"，是在成长阶段就做好健康管理，在积累物质要素的同时持续提升发展的活力和效率。当前，中国城市早已普遍从快速"长个"进入应该"增肌"的发展阶段，因此城市更新行动的模式选择绝大多数是"C 模式"，少数兼用"B 模式"（对那些体量臃肿、低效发展甚至陷入衰退的城市，空间上的收缩几乎是发展战略的必需），关键是尽快摆脱对"A 模式"的路径依赖。

基于城市更新的公共政策性质，模式机制切换势必带来行为准则的重塑。"C 模式"探索，自然要求城市更新行动应确立新的工作思维。比如，要建立底线思维，将城市开发边界、生态保护红线、环境质量底线、资源利用上线等作为约束城市发展的硬指标；要树立全局思维，城市与非城市地区是一个整体，应当建立紧密的和谐共生关系，城市内部各条块也是一个整体，应当立治有体、施治有序；要有问题导向思维，抓住城市发展中真正的痛点和短板，以求达到精准治理、循序向善的效果等。

落实在方法措施层面，城市更新行动又对"C 模式"探索具有丰富而重要的实践意义。例如：引导绿色高效的城市建设方式，完善城市功能，提升空间效率，实现低碳发展，走内涵式、集约型、绿色化的高质量发展道路；推进"以人为本"的新型城镇化，聚焦人民群众的需求，提高城市尤其是县城的承载能力，建设宜业、宜居、宜乐、宜游的"人民城市"；促进生态文明价值观下的人的城市化，随着城市居民对生态系统服务需求的逐渐增加，对绿色消费的支付能力逐渐提高，城市更新行动在促进生态产品价值实现、引导绿色消费需求、塑造绿色城市生活方式上将大有可为。凡此种种，站在提高发展效率和投资自然资本的角度，都会让城市在国家对新发展模式的探索过程中，发挥出更大的价值。

城市更新行动
分维度推进

实施城市更新行动不能"一刀切"。我们可以仿效马斯洛模型,建立城市需求模型,解析城市更新行动的工作要求。

　　城市是人类文明发展的产物,也是不断酝酿新发展要素的容器,作为一个不断进行吐故纳新、新陈代谢的有机生命体,我们不妨借鉴解释人类需求的经典理论——马斯洛需求层次理论,来尝试解释和分析城市这一社会经济综合体的多阶需求,以此梳理出实施城市更新行动工作的内在要求。

　　马斯洛需求层次理论由美国社会心理学家亚伯拉罕·H·马斯洛(Abraham Harold Maslow)在《人类激励理论》一文中所提出的。该理论将人的需求分为生理需求、安全需求、社交需求、尊重需求、自我实现需求这5个由低级到高级的层次,低级需要直接关系个体的生存,高级需要不是维持个体生存所绝对必需的,但对自我实现至关重要。人们在满足高级需要之前,应当首先考虑满足低级需要。马斯洛提出人的需求有一个从低级向高级发展的过程,并且指出在不同发展时期,都有一种需要占据主导地位。这一点对于开展城市更新行动具有极大的启发意义。

　　我们试图构建一个更为简洁的三阶段模型,将城市生命体的需求分为**基础性、成长性、超越性**3类。用一座房子来做形象的比喻,能住人、挡风遮雨不倒塌是基础性需求,提供相对舒适清洁的环境使人安居是成长性需求,而一座与众不同、具备社会认同的房子,则因其特色和价值体现了相对一般房子的超越性需求。

　　具体到城市建设和发展来说,基础性需求对应城市基本的"生理"

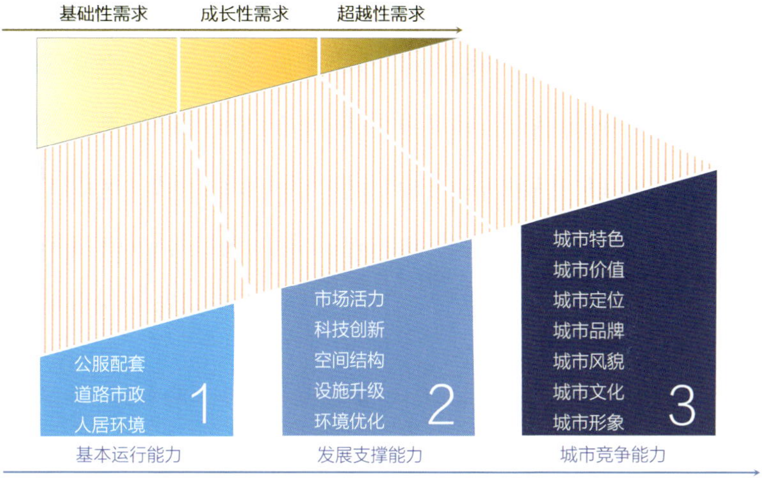

图 5　城市生命体需求层次模型

与安全需要，是一种针对缺陷的需求。在我国城市前一阶段快速发展过程中，无序扩张和粗放建设累积了一系列"缺、乱、险"等问题就是此类缺陷，如公共服务设施缺失、道路体系不健全、防洪排涝设施不足、危旧房屋欠缺维护更新等。

基础性需求要求城市各个系统的功能基本健全，能保障基础的安全需要，降低城市经济社会要素运行的基本风险，同时也保障人民群众基本福祉的提高（"基本公共服务均等化"就是这一概念）。前一阶段国家推行的"功能修补、生态修复"，修补修复的就是这些基本功能和潜在风险。与此同时，国家法律法规给城市建设发展定下的自然、人文等刚性约束，也构成一种必须满足的基础性需求"红线"。

成长性需求则对应城市对社会经济活动的支撑，是一种针对"能力"的需求。刘易斯·芒福德（Lewis Mumford）在《城市发展史》中将城市比喻为容器，汇集了政治、经济、文化和人口等诸多要素，并且提供这些要素新陈代谢、不断发展的基础空间条件。如何让城市容器与快速增长的社会经济发展需求相匹配是城市成长的关键，例如提高资源要素活动的效率和效益、强化针对性的空间供给、不断促进设施升级和环境优化等。

超越性需求某种程度上可以理解为外部附加的需求，侧重于打造城市影响力和统治力，是一种针对竞争的需求。城市代表区域和国家参与各个层面的竞争，为取得城市竞争的相对优势，必须在产业、功能、特色等方面体现其突出地位。这种需求的满足，既要基于城市发展特质，又要与城市定位和发展意图紧密地结合在一起。例如，某城市坐拥世界景观资源，定位打造世界级的旅游城市，就需要定向地投资建设对外交通、旅游服务等关键性设施；而在城市运营过程中，必须要有所取舍，牺牲一部分传统型产业来换取城市价值的实现。

设计城市更新行动的工作内容，可以根据这三种层次的城市需求模型量体裁衣、量身定做。总的来说，可以概括为"**必须补齐基础性需求、持续满足成长性需求、量力解决超越性需求**"。

但值得注意的是，这三种层次的需求随着城市发展阶段的演替和技术环境的变化而不断递进。例如，高速公路刚出现的时候，可能是成长性甚至超越性需求，但对于在当前提出"县县通高速"的部分省份，可能就是基础性需求。因此，工作要求不能脱离城市发展的实际阶段，也不能忽视城市发展的外部环境。

正是因为城市发展的需求存在阶段性，实施城市更新工作在思路上就要有所区别，针对不同阶段城市的不同需求，明确实施重点，实现分类推进、有序推进。

我们可以从城市地位和重要性的角度，区分城市维度。

第一梯队是超大、特大城市和主要都市圈，这些城市是改革开放40年里城市建设的突出样板，也代表着国家参与全球竞争。这些城市功能复合、优势突出、财力富足，但同时在空间扩张中又受到较大的政策和生态约束，"做精做强"的超越性需求会成为主要诉求，也就是立足于提供高品质的环境，创造新的产业，以及多元化的社会氛围。

第二梯队是广泛存在的大中型城市，这些城市作为区域性或地区性的中心，在以往快速发展过程中积累了一些基础方面的问题，亟待进行结构的优化和功能完善，同时有些城市又有向第一梯队城市发展的可能性（因其特色或区位）。因此，三阶段的需求可能同时存在。

作为一般性满足就地城镇化需要的中、小城市是第三梯队。长远而言，它们作为国家城镇体系的"底盘"而存在，宜居宜业是其最核心的发展要求，而不会盲目地去追求"高大上"的发展模式，基础设施和服务设施的短板补齐等基础性需求，是其城市建设当前第一位的需求。

实施城市更新行动，我们还必须关注解决快速城镇化过程中积累下来的部分"异化"问题。例如，新区盲目扩张在动力衰减后形成的"烂尾"问题。再例如，部分大城市周边因"吸空效应"导致的小城镇衰败问题，以及原来部分传统工业城市衰退等。从本质上说，这是城市作为空间载体，与其承载的社会经济要素不匹配的问题。

要解决此类问题，仅通过"城市双修"（生态修复、城市修补）形式的修修补补已力有不逮，而必须从城市结构重塑甚至区域联动发展的角度去重新思考。这也是住建部部长王蒙徽把"完善城市空间结构"作为实施城市更新行动任务第一条的原因所在。

回归到城市发展的阶段性，经过历史积淀和近 40 年高速发展，中国城市建设累积了巨量的建设规模，是城市花费巨大代价形成的存量资产。当前从建设期转入运营期的核心任务，是让这些累积的建设量更好地发挥价值，盘活存量资产，将前期的投入效应最大化。

因此，城市更新行动最终要回归到对城市空间"产品"价值的基本认知上。一方面，要将城市整体作为一个"产品"，衡量其价值、地位，充分发挥其功能作用；另一方面，要将城市建成环境和各类设施作为不同的"产品"，评估其短板、缺陷，让其更好地支撑社会经济活动。

城市更新行动
很有可能成为中国城市在本轮
"时代切换"下的分流点，
关键在于有针对性地激发
城市核心要素的活力，
多维驱动城市经济社会
发展步入正向循环。

城市更新行动
首在完善
城市空间结构。
城市空间结构
首在集聚和密度。

城市更新行动：模式

　　我们抱着审慎且乐观的态度看待城市更新行动。

　　总的来说，尤其是改革开放 40 年，中国的城镇化是波澜壮阔的，也是模糊不清的；是高歌猛进的，也是沟沟坎坎的。问题多多，但是可以理解。

　　我们的审慎在于，当转型趋势已经如此明显时，当最高决策层屡屡提出转变城市建设、城市发展、城市治理模式，而在实际操作中对过往城市发展路径的依赖居然如此顽强！这次的"城市更新行动"是否又会无形地消弭在部门权力的博弈之中？

　　而我们的乐观在于，继全国性大交通、区域性大基建、城镇房地产、乡村振兴等吸纳巨大投资平台之后，城市维护性持续投入有可能成为国家战略。尽管遗憾的是城市更新没有直接定位为"战略"，但能够"行动"起来，就会有成为战略的可能性。在混沌之中，中国的城市转型已经找到了破题的曙光。

两个重要的『时代切换』

某种意义上，国家的进步在于城市的成功。

　　从新中国成立初期到改革开放再到如今的新时代，我国迅速地完成了一大一小两个重要时代的"切换"：一个是"换道"似的大切换，是从"乡土中国"到"城市中国"的千年未有之变局，意味着城市已成为各类要素资源和经济社会活动的集聚中心，成为经济增长的发动机和社会进步的火车头，城市的发展模式决定着国家的经济社会发展模式。

　　另一个是"换挡"似的小切换，是城镇化速度趋缓，进入诺瑟姆曲线①的后半段，城市建设也随之降速进入调整期。在这期间，既面临着国际国内大环境带来的"三驾马车"疲软——出口下滑、投资效益递减、消费不振，也叠加了前 40 年快速发展累积的社会矛盾凸显期和"城市病"爆发期。

　　城市发展是一个自然历史过程，必有其自身规律。城镇化和城市建设速度在狂飙之后"回归正常"，城市发展思路和建设模式也应该摒弃以往"大干快上"的粗暴做法，回归到城市基本规律的顺应和基本价值的认知。因此，围绕"小切换"，我们似乎可以区分出如下两个不同的时代。

　　之前的时代是快速建设期，在人口、土地的巨大红利的快速释放下，忽视人地关系，见物不

① 1975 年，美国城市学者诺瑟姆（Ray M. Northam）在总结欧美城市化发展历程的基础上，把城市化的轨迹概括为拉长的横倒 S 形曲线即"诺瑟姆曲线"。这个曲线表明：发达国家的城市化大体上都经历了类似正弦波曲线上升的过程。

见人，将城市作为经济增长容器，片面追求短期增长而忽视全面发展，并因高速发展迅速形成路径依赖，"一快遮百丑"。当下的时代是盘整优化期，习惯并顺应"降速"新常态，直面土地与人口红利的拐点，回归对城市本源的认知，"以人为本"，运营好存量资源并不断改善维护，将发展思路从数量增长为主转向质量提升和结构优化为主，强调持续改善、久久为功，"功成不必在我"。

旧城改造中轰轰烈烈的大拆大建运动，虽然也属于城市更新的工作内容，但在思路上还是片面追求增长和扩张，与大规模增量扩张在本质上并无差异。因为，时代的切换最终要落实到城市的建设思路和发展模式，而非用简单的时间线加以区分。

改革开放以来，我国的城镇化率从不足 20% 快速提高到 60% 以上，在拥有近 14 亿人口的发展中国家以年均 2000 万左右人口实现着城镇化，堪称世界城镇化发展史上的一个奇迹。1996 年城镇化率首次超过 30% 后，进入快速发展阶段，年均增长 1.2~1.4 个百分点。2011 年我国城镇化率突破 50%，城镇化速度也达到了历史最高点，是进入"城市时代"的一大标志。自 2015 年以来，城镇化率年增量渐次降低，大致符合城镇化发展的一般规律。

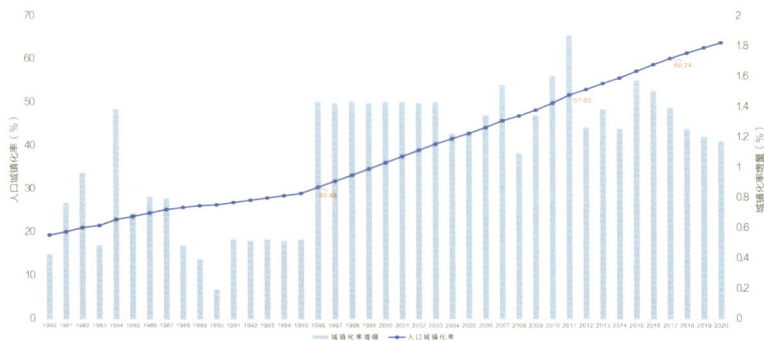

图 6

数据来源：中华人民共和国国家统计局 . 中国统计年鉴 –2021. 中国统计出版社，2021.

最大隐忧在于『路径依赖』

从土地财政到土地金融，从人力供给到人才资源，巨大红利带来了巨大扩张，我们可能已经深陷于『路径之瘾』了。

以往城市发展积累的很多风险和问题，可以从经济、社会、文化、环境、安全等多方面加以总结，但这都是"术"层面的问题，通过思想重视，加大投入，几乎都可以有效缓解。真正引发担忧的则是"道"层面的问题，也就是已形成路径依赖的城市建设发展模式怎么破？

在理想的城市发展模式中，政府、企业和城市居民是城市发展的主体力量，其间以经济联系为纽带，形成了一个完整的循环。企业和居民是政府的税基，政府征税并进行基本建设投入和产品、服务的消费。企业生产产品和服务，其盈利用于支付劳动力成本、缴纳税收、投资扩大再生产或进行研发、升级、改造等。城市居民通过就业获得工资、福利等收入用以缴纳税收、消费产品和服务，并支付个人发展的成本。

随着城市的发展，政府不断投入软硬件环境建设，促进经济集聚和人口集聚，推动产业升级和社会进步。企业的发展在为政府增加税收的同时，也在不断扩大就业和提升劳动力素质。而城市人口数量、质量的提高，不仅增加税收、促进消费，也为城市新兴产业的孕育发展提供了重要基础。政府、企业、居民三者的良性循环，形成了良好的城市造血机制和自我向善机制，在保证城市发展资金链条不断裂的情况下，互相促进，支撑"产、城、人"的共同进步。

然而在以往的发展过程中，两个关键因素或者说两方面的红利使得

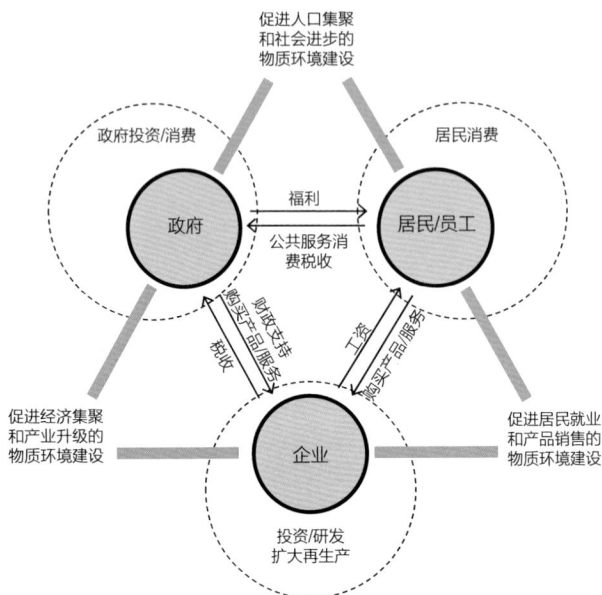

图 7　理想城市发展模型中政府、企业、居民的良性循环

资料来源：广东省委政策研究室，广东省住房和城乡建设厅.广东省推进城镇化扩大内需研究报告 [R]. 2009.

这一理想模式未能完全实现。

　　一个是土地。城乡土地二元制度的存在，使得在土地制度改革后，迅速形成了征地——"招拍挂"——房地产开发的土地收益链条，政府以相对低廉的成本获取土地，并以较高的价格转手给开发商开发建设，开发商建成物业后以更高的价格出售给市民。城市政府开展"公司化经营"，经营的主要对象是土地且是"一锤子买卖"而不用关心后续运营，这一模式获利高，操作便捷，极易形成路径依赖。

　　为了获取更高额的收益，政府势必倾向于将更多的土地用作经营性用途，而挤占公益性用地。因此，政府依赖土地收益而忽视了税基培育，忽视了公共服务投入，企业得不到良好的发展环境，个人的发展和消费也受到了限制。不仅如此，随着 2008 年以后各种土地抵押贷款机制的

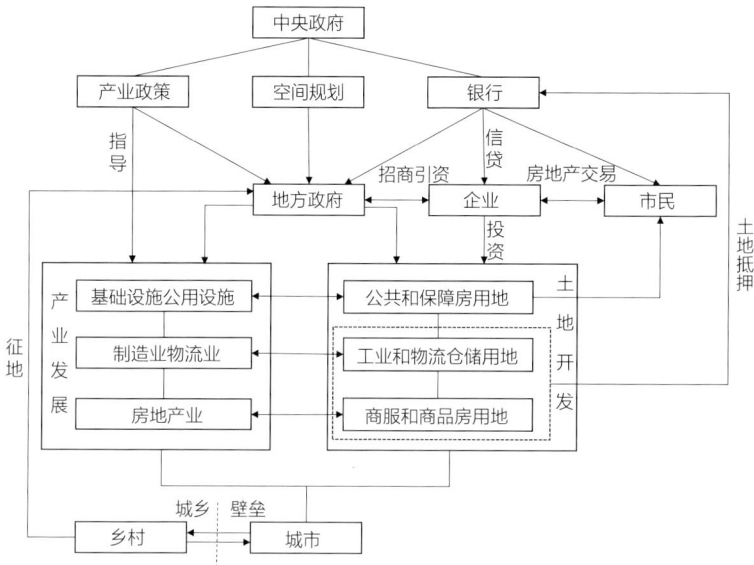

图 8　中国快速城镇化过程中的空间生产和资本循环
资料来源：武廷海、张城国、张能、等. 中国快速城镇化的资本逻辑及其走向 [J].
城市与区域规划研究，2012，5（2）. 略有修改。

出现，土地"虚拟化"和"金融化"特征日益加深，传统依托于土地交易市场的"土地财政"进一步转变为依托于土地信贷市场的"土地金融"，迅速放大了城市财政风险。政府、企业、居民三者原本的良性循环关系，因为有了土地这个"不速之客"而被打破了。

另一个是劳动力。人是城市生产力和创造力的本源。改革开放初期，城镇化压力迅速释放，进城务工障碍的打破，使得我国的劳动力市场在过去 30 年几乎是无限供给的，企业可以以低成本迅速成长。但政府公共产品供给和福利保障又与不断膨胀的城市人口规模不匹配，收入跟不上房价增长，户籍制度的门槛限制，以及教育、医疗等服务的不足，使得消费需求受到大大抑制。

在这种情况下，人的发展被忽视。除了部分中心城市能依托其明显突出的竞争优势继续吸纳人才之外，许多一般性城市都面临着人才和人力资源的困境。政府、企业、居民三者的良性循环，又因为人的发展通道和消费需求受到抑制而被破坏了。

　　可以明确的是，土地和人口这两个红利未来基本不会存在了。在生态文明理念下，建设用地增量指标受国家严控，大规模征地开发的路径被政策阻断；而人呢，不仅人口城镇化的趋势趋缓，而且从"七普"数据来看，人口绝对数量也面临着增长乏力的严峻挑战。

　　不缺地、不缺人时代粗放发展形成的路径依赖，成为转型破题的首要挑战——没有土地收益，城市健康的造血机制怎么建立？政府怎么实现经济和社会建设投入？居民的幸福家园和美好生活怎么实现？同样地，不建立政府、企业、居民三者之间正向的良性循环，内需市场就无法充分发育，国内大循环为主体的新经济格局也无从谈起。

　　我们现在特别强调城市更新行动是"推动城市开发建设方式转型、促进经济发展方式转变的有效途径"，其本质就是打破粗放发展阶段的路径依赖，重建城市可持续发展的新模式。

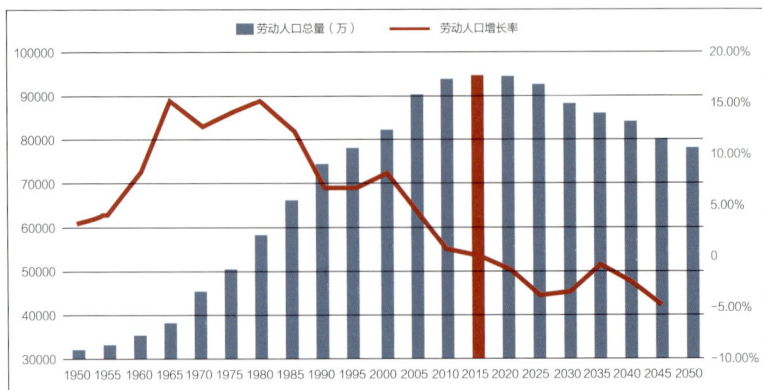

图 9　1950 年以来中国劳动人口数量变化及趋势预测图
资料来源：中金国际研究部彭文生《人口结构的宏观含义》研究报告.

重建可持续的城市发展

空间生产理论将城市发展抽象为产业（经济）发展、城市（空间）建设、人的（社会）发展的资本三次循环。劳动力（人）参与其中，并将它们粘合起来，构成彼此交织共生的关系。

在这些要素和它们的关系之上，前文理想的城市发展模式中的政府、企业、居民三方可以视为参与城市发展治理的上下两端。

在政府这一端，产业政策、城市建设、社会支出是城市政府的三项核心工作。城市建设往往被选作重要抓手，为经济社会发展提供必需的建成（人居）环境。

在企业和居民一端，投资、劳动力和消费是它们参与城市活动的三种主要方式。其中最核心的是劳动力的投入和再生产，因为劳动力既是产业发展的关键要素，也是人的发展的主体对象。

于是，城市建设与经济社会发展的一般关系也由此建立起来。

形象地说，过去大多数城市的发展模式就是像工业流水线一样不停地打造城市这个空间"容器"，劳动力和产业在区位、成本、机会等因素影响下熙熙而来、攘攘而去。"容器"多半是千城一面的复制粘贴，大多数居民和企业在其中也难拥有归属感和根植性。加上房地产业的畸形发展，城市空间已完全由资本生产的载体变成资本生产的对象，从注重空间的"使用价值"变成过分追求空间的"商品价

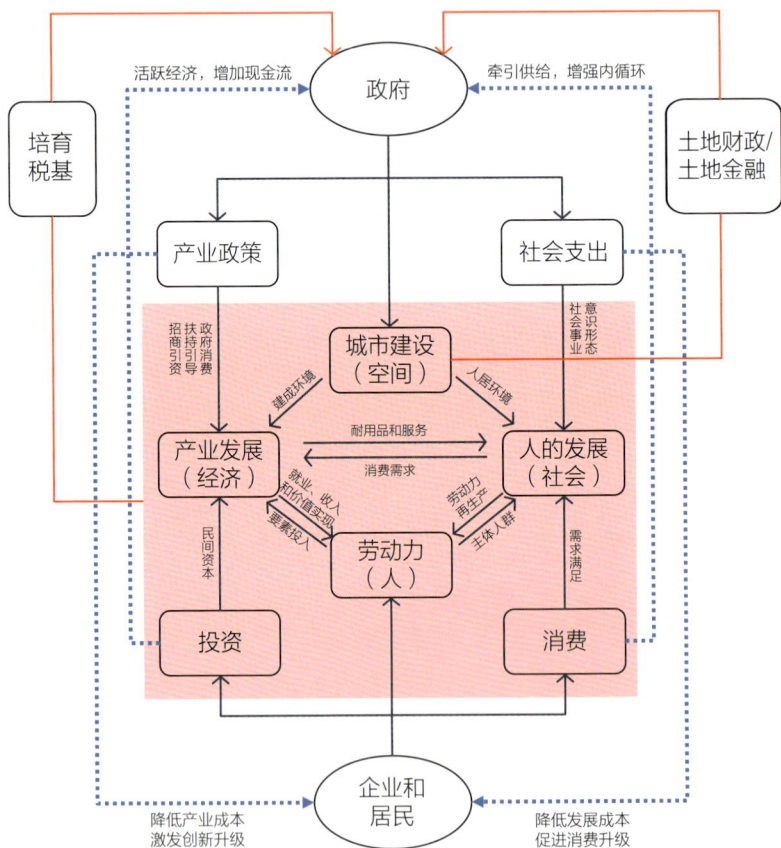

图 10　城市建设与经济社会发展的关系

值"。"容器"越来越贵，生产生活的成本越来越高，城市治理的难度越来越大。

延续空间生产理论的视角来看，以拆旧建新、连片改造为特征的城市更新成本也在水涨船高，只得不断突破建设总量控制，可这样又对城市基本公共服务和基础设施带来更大的承载压力，同时也严重侵蚀了地方政府在产业发展和社会发展方面的投入能力，陷入"庞氏循环"。所以，传统的城市更新在本质上仍未跳出旧循环的路径依赖。

① 赵燕菁，宋涛. 城市更新的财务平衡分析——模式与实践 [J]. 城市规划，2021，45（9）: 53–61.

所以，实施城市更新行动必须跳出单纯物质空间建设的视野，从城市发展的系统性、战略性、长期性出发，重建可持续的城市发展模式。

首先是城市财务的可持续运营。

赵燕菁教授在 2020 年时就提出了旧城改造的"不可替代规则"，即资本性投入阶段和建成后运营阶段必须分别独立实现财务平衡。用土地融资支付一次性的资本投入，用改造后的税收或运营收入来支付新增加的公共服务成本，二者不可相互替代。

在连片拆旧建新式的城市更新中，资本性投入阶段的财务平衡往往决定了改造项目能否立项，但建成后运营阶段的财务平衡却从根本上决定着这片地区能否实现可持续的发展。在当前"时代切换"背景下，城市更新也正从建设时代转向运营时代。

近来备受舆论关注的"劲松模式"正是在这个转变方向上的鲜活实践。愿景集团以 3000 万元自有资金投入位于北京市朝阳区的劲松社区改造试点，在几乎没有新增容积率的情况下，准备凭借社区闲置和低效用房的经营收入，用大概 10 年时间收回投资。

从"一锤子买卖"到"细水长流"，背后需要存量物业盘活、政府减税、补贴政策和受益者付费等一系列支持。例如，愿景集团以市场化手段给劲松社区引入了物业管理，结合社区规模大、区位条件好、可经营资源多且价值比较高等条件，采取社区自平衡方式进行改造。同时，在国家的政策支持下，国开行、建行、农行等都设置了老旧小区改造的专项贷款，周期长、利率低，支撑着这种长期经营、长期回报模式的资金周转，保障企业长期的微利可持续发展。

放到更大的尺度上，"运营时代"更是要求城市政府不能只着眼于局部地区和建设阶段的财务平衡，而需从城市发展的全局和全生命周期来统筹考虑。过量的增容供应，可能会摧垮城市房地产价格市场。长期健康的财政来源必须从"地基"转向"税基"。其中很关键的一点，就是需要地方税收制度从重生产性环节税收转向重消费性环节税收。

【延伸阅读】

税制改革新动向

2021 年 8 月 17 日，中央财经委员会第十次会议提出了"共同富裕""初次分配、再分配、三次分配"等改革关键词。而备受瞩目的税制改革，正是促进共同富裕的重要路径之一。

在税种结构的国际比较方面，我国直接税占比偏低，约为 39.8%，间接税占比偏高，约为 46.3%。而直接税因为不易进行税负转嫁，通常被认为在调节收入分配方面效应更为显著。在直接税中，我国所得税占比偏低，且个人所得税与企业所得税比重结构差异较大。根据数据对比，我国个人所得税占税收收入比重远低于典型发达经济体，并低于多数新兴经济体，而企业所得税则远高于典型发达经济体，并与多数新兴经济体相近。财产税比重也相对偏低，2019 年占比仅为 8.0%，与新兴经济体相比处于中间水平。同时，在间接税方面，我国增值税占税收收入比重为 39.5%，显著高于发达经济体，在新兴经济体中居最高水平；消费税占比为 8.0%，与大部分发达经济体一致，与新兴经济体相比偏低。

为了实现共同富裕的远景目标，从初次分配、再分配、三次分配所涉及的税种来看，消费税作为初次分配性质的税种，个人所得税、财产税作为再分配性质的税种，或是税种改革的重点。具体来看，下一步的税制改革很可能将适当提高个人所得税对税收的贡献，加强个税的收入分配调节作用；适当提高财产税比重，考虑逐步开征房地产税与遗产税；适度加大消费税征税范围，提高收入分配调节作用。除此之外，还将涉及有关捐赠的税收优惠政策调整。

资料来源：见胡晓莉、郭于玮、鲁政委发表在公众号"兴业研究宏观"上的《共同富裕下的税制改革方向》

其次是存量空间的可持续利用。

可持续的资源、严峻的挑战迫使我们不得不低下头来，仔细审视我们的"家底"——在快速发展中积累沉淀下来的城市空间资源。

根据空间生产理论，快速的城市建设是一个空间本身的生产过程，其产品不仅是城市空间中的各类设施，而且包括了城市建成环境本身。城市空间的调节和修正也成为经济和社会关系调节的工具，客观上起着维系社会经济的平衡发展。其核心就是通过干预，合理解决空间供需的矛盾。

基于时代的划分，快速建设期，工作重心放在了营造兴建城市空间硬件，在累积了空间矛盾的同时，客观上也为下一步城市发展提供了基本的容器和载体；盘整优化期，则要在有限的新增资源支撑下，对城市空间容器进行优化调适，促进空间资源的供需匹配和效益发挥。

这事实上就是城市运营的概念——政府要从"开发商"转身为"运营商"，对各类资源要素进行盘整、激活、调度及优化利用，实现资源综合价值最大化，从而建立城市应对各种挑战的可持续生长机制。其中，对空间资源的处置，有递进式的三种安排。

第一是盘活。对于闲置和低效空间资源建立合适的处置机制，促进其重新参加价值流通。

第二是增效。进一步发挥存量空间资源的已有价值，挖掘潜能。例如，在近期各国对新型冠状病毒肺炎疫情的应对中，尽管我国在人均重症加强护理病房（ICU）床位数等医疗设施配置水平上仍远远落后于欧美发达国家，但通过有力的社会动员、科学的分诊治疗和高效的资源调配，保证了医疗系统不至于被突如其来的疫情"击穿"，并率先取得疫情防控的阶段性胜利。

第三是升级，将建筑、公共服务、交通、市政、绿地等孤立的空间硬件资源，通过有机的改善提升，融合经济社会文化环境，塑造成创新圈、生活圈、文化圈、智慧社区等城市空间产品，促进城市发展的核心资源向人才以及人才所创造的文化、科技等一系列要素转变。

总之，为满足新时代城市经济社会"质"的提升需求，传统做法下"城市建设"思维的边际效用已显著降低。"城市运营"工作相比于传统的扩张建设和大拆大建，所占比重越来越大。

最后是城市治理的可持续发展。

如前文所述，城市发展需要政府、企业和居民三者的共同推动。存量时代的城市发展更是需要将善治作为可持续发展的核心命题。站在城市更新行动的角度，治理的关键是重建政府、企业和居民之间的良性经济联系。

城市政府要走向重资产，以利于企业和家庭降低成本。尤其要优化政府投资流向结构，加大对产业配套和扶持力度，以降低企业投资和发展成本，激发创新升级。同时，要通过保障和扩大社会支出来降低企业和家庭在劳动力再生产环节的成本，促进消费升级。

同时，引导企业和家庭走向轻资产，更积极地参与到经济社会发展和城市建设过程中，以利于政府增加现金流，增强城市运营能力。企业和家庭在经济、社会、城建等诸领域更多的投资行为能够提高经济活力，增加发展韧性，扩大政府财源，而多样化且更大规模的消费升级能够牵引供给调整，推动社会进步，增强内循环发展能力。

这样一来，城市发展才能逐渐跳出过分依赖土地资本性收益的泥沼，通过系统性的"开源"建立充裕的现金性收益，以覆盖城市未来在维护、盘活、增效、升级等方面的支出。同时，也改变了当前许多城市在空间生产中唯有"房—人"匹配的粗暴发展模式，活跃、健全、升级城市的产业发展和社会发展，从而提升企业和人在城市中的获得感和归属感，实现城市的全面发展。

总结下来，城市更新行动是引入和践行城市运营思维的新的发展方式，是今后促进城市高质量发展和高效精准治理的关键和难点。其核心导向在于：创造更多的现金流，摆脱土地收益的路径依赖，塑造有竞争力的产业和人才发展环境，从而建立政府、企业、居民三位一体的良性经济循环，促成城市进入螺旋式上升发展通道。

存量竞争下的三要素

存量竞争下的三要素

城市更新行动正是引入和践行城市运营思维的新的发展方式。

实事求是地说，相当多的城市在财务、资源和治理等方面已经面临重重问题，并非所有城市都能够在存量发展的新赛道上坚持下来。城市更新行动很有可能成为中国城市在本轮"时代切换"下的分流点。

城市更新的首要作用在于针对性地激发城市核心要素的活力，多维驱动城市经济社会发展步入正向循环。实际上，至少有三个方面的要素应当引起重视，作为城市更新行动的主要着力点。

一是劳动力。

2008年以后，制约企业发展的最大瓶颈已经不是土地，而是劳动力。新加坡和我国香港地区的经验表明，住房成本可以显著影响本地的劳动力成本，进而增强本土企业的市场竞争力。网络上喧嚣一时的"逃离北上广"和现实中踟蹰不前的新型城镇化，关键都在于进城的成本门槛问题。

因此，实施城市更新行动应瞄准的一项目标就是，在不增加城市住房成本的前提下，补偿快速城镇化阶段的公共服务欠账，降低劳动力进入城市并实现劳动力再生产的综合成本。

同时，在新时代下，劳动力要素的重要性还突出体现在知识人群对城市竞争力的巨大贡献上。有资料表明，英、法、美等14个工业化

近年来国内城市吸引人才的主要做法 表1

方法	具体措施	实行地区
创造就业岗位、提高工资待遇	基金小镇	1. 杭州：建立玉泉山南基金小镇，吸引大量私募基金 2. 成都：天府国际基金小镇，建立投资服务中心、路演中心、基金机构办公样板区，引进 VC、PE 等基金机构
	建立自贸区、保税区	深圳：前海自贸区构建合理服务体系
	提高工资待遇	武汉：研究推出大学生最低年薪制
降低生活成本	住房优惠	1. 长沙：博士、硕士首次购房可以分别享受 6 万元、3 万元的购房补贴 2. 石嘴山：在该市辖区落户并购买首套新建商品住房的高校毕业生，按本科 6 万元、硕士 12 万元、博士 25 万元的标准，给予一次性购房补贴 3. 武汉：争取让大学生以低于市场价 20% 的价格买到房子 4. 深圳：租房补贴本科生 1.5 万元、硕士生 2.5 万元、博士生 3 万元，可申请保障性住房
	落户优惠	1. 成都：全日制本科及以上直接落户，引进的高端人才不受落户限制 2. 长沙：本科及以上学历可直接落户 3. 武汉：只要毕业证就可落户，"零门槛"
	人才公寓	1. 成都：5 类人才可申请人才公寓，住满 5 年后可按 5 年前价格购买 2. 武汉：毕业未满三年的全日制大专以上可申请
完善公共服务	教育上租售同权	1. 北京：本市户籍的集体户符合条件的可以公租房落户，其适龄子女可在该区接受义务教育 2. 广州：租房人子女可就近入学，保障租购同权
	大力发展市政交通	1. 成都：到 2020 年开通 13 条地铁线 2. 杭州：政府建立了完善的公共自行车体系
	发展医疗产业	1. 雄安新区：引进北京各大医院的医疗资源 2. 成都：建立国际医学城，把康复养生、医疗服务和商务配套结合

注：近年来，国内一、二线城市掀起了一场"抢人"大战，围绕优化就业环境、降低生活成本、完善公共服务，各城市先后制定大量的政策，采取一系列行动，以提高城市的人才吸引力。

国家经济增长的主要来源不是物质资本投入的增加，而是依靠知识资本的贡献。如今，知识资本对经济的贡献已经上升了60%以上，并开始成为竞争的核心。无怪乎哈佛大学城市经济学教授爱德华·格莱泽（Edward Glaeser）在《城市的胜利》（*Triumph of the city*）一书中提出，后工业化时代的城市发展模式是"产业跟随人"（business follow people），谁能吸引高素质的人才，谁就能吸引到与之相配的产业。

　　劳动力的再生产是需要大量的高等教育、职业培训、医疗福利、文化休憩等公益性服务支撑的。城市越是能够分担更多的公共服务成本、提供更高的公共服务质量，就越能满足不同知识层级、不同收入水平的劳动力在城市安居乐业的需求，并让他们更有机会继续提升和实现自我价值，从而为城市在新时代的产业转型和发展角力奠定厚实的人才基础，也能引导城市社会结构从阶层差距显著的"金字塔形"向更为稳定和谐的"橄榄球形"演化。

二是消费升级。

　　引导有效供给，增强消费需求，是推进供给侧结构性改革的重要方面。具体而言，就是要围绕人民对美好生活的向往，顺应消费升级趋势，提升传统消费，培育新型消费，适当增加公共消费，促进消费向绿色、健康、安全发展，推动产业和服务"双升级"，满足人民群众对个性化、多样化、高品质消费的需求，畅通国内生产消费内循环，为产业的转型升级提供强大的国内消费市场。

　　在某种意义上，城市是一组公共产品集合。更好的公共产品和服务有助于降低居民在城市的生活成本，提高城市生产生活的效益，并激活更强的消费意愿和消费能力。要提供高质量、可承受的城市公共产品和服务，既有赖于供给模式的创新——这自然包括通过城市建设方式的转型，提供规模更多、成本较低的公共服务设施用地和公共空间，也需要循序渐进地推动城市公共产品和服务在数量、种类、品质上的丰富和提升。

典型的例子就是，歌剧院等所谓高端文化设施应当是城市社会文化需求发展到一定阶段的产物，而不是通过建造歌剧院来吸引所谓高端人才。实施城市更新行动无疑是契合这一公共服务供给模式的好做法。

三是创新。

除了对关键要素发展的支撑保障作用，为了更长远的可持续发展，城市更新行动还需以系统思维不断打磨来酿造城市的整体发展环境。尤其是，要以培育各类创新环境为导向，实现城市存量空间环境的综合提升。

熊彼特认为，所谓创新就是把生产要素用新的方式组合起来，新的事物取代旧事物的同时，旧事物也会面临消亡，即所谓"创造性破坏"①。经济增长就是以这种"创造性破坏"为特征的动态竞争的过程。城市作为承载各类生产要素的容器，技术、人才、资本、文化、政治等要素在城市中高密度的集聚、碰撞，是擦出创新火花的必要条件。

进入 21 世纪以来，高新技术企业对城市空间的要求开始发生显著变化，全球范围内掀起了一场"科技回归都市"的浪潮。大量高科技企业从相对独立的城郊产业园腾挪到了都市的核心生活区域，出现了一批所谓"创新街区"的城市与产业相融合的新型空间形态。典型案例是位于纽约曼哈顿的"硅巷"，成百上千个科创企业的聚集促进了纽约中心区的成功复兴。同时，相对独立的老工业区也开始注重空间品质的营造，向创新街区转型，例如旧金山湾区的发展与转型。

这些创新街区共同的策略是通过提供富有活力的办公空间、可负担的生活寓所、可达性强

① 约瑟夫·熊彼特. 资本主义、社会主义与民主 [M]. 吴良健，译. 北京：商务印书馆，1999：147.

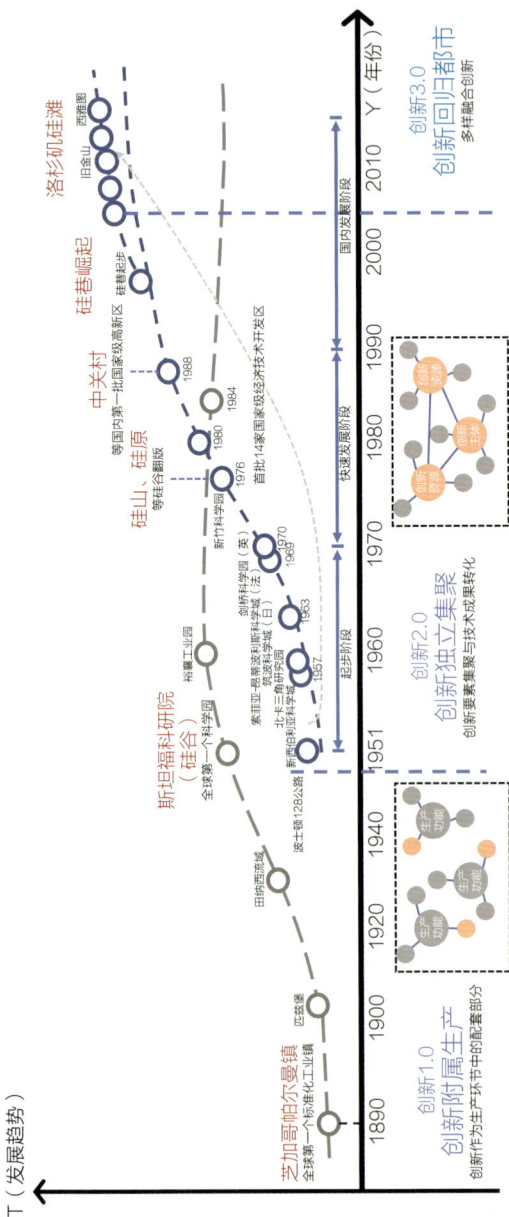

图 11　不同时期创新对空间要求的提升

资料来源：中国城市规划设计研究院院长王凯在 2020 年第八届清华同衡学术周上以《中国城镇化 60% 后的趋势展望》为题的主旨报告。

的多元包容的娱乐场所和高质量的学习场地，来吸引知识型员工和创业者。

实施城市更新行动自然需要承担起以更好的空间服务、更低的空间成本和更高的空间效率来吸引创新主体的任务。北京大学王缉慈教授在《创新的空间——产业集群与区域发展》一书中将促进创新的实体空间细分为三类：公共空间、私人空间和便利空间。

实现城市公共空间的更新与提升是实现创新街区建设的关键，通过改善开放空间和基础设施，能够打造良好的街区生活环境，吸引高知识的工作人员，同时也能够为创新活动、思想碰撞和企业间合作提供更好的社会互动场所。而且公共空间经过数字化的重新规划提升，能够用于测试新技术在城市中的应用，包括物联网、高速互联网技术、大数据、数字化市政服务、智慧交通管理等。

通过重新设计改造私人空间，能够更加适应创新主体的生活需求，提升城市吸引力，诸如多阶层住房、社区服务空间、研发与商务复合体等。

便利空间的更新，即对区域内居民重要服务设施（包括医疗设施、酒店、咖啡馆、图书馆等）的提质，可以通过构建"十五分钟生活圈"等更新行动予以实施，以消除日常便利服务的障碍，提升区域间的连通性与活力，为创新产生提供便利。

有研究认为，人才对于生活环境的选择不仅仅局限于空间服务的完善和生活成本的低廉，城市的精神空间将越来越成为决定高端人才选择的重要因素。因此，"实现城市精神空间的更新与提升"是城市更新行动另一个重要而又易被忽视的领域。

城市的精神和魅力孕育于本地化的元素中，需要规划工具的适当引导而非破坏性重建。城市精神空间的更新与提升，就是发生城市文化生活的集聚区域，通过渐进式的规划手段实施因地制宜的更新策略。

城市文化发展需要辅以必要的引导性政策，鼓励地方文化创意产业的发展，注重当地民俗文化的保护和发扬。同时，良好的城市生态环境也是构成城市精神空间的重要内容，是建设人与自然和谐共生现代化的重要内容和基础。

城市精神空间的更新与提升在很大程度上影响着城市更新行动的广度和难度——不仅要解决创新人才对于空间日益增长的需求和空间建设滞后的矛盾，更要从根本上实现人才的安居乐业，满足人对于美好生活的精神需求。城市更新行动要跨越空间意义上的更新，从城市建设方式转型的维度推动城市政府、社会、市场在思想和实践领域进行一次深刻的变革与升华。

密度，还是密度

创新发生所需要的条件
关键是两个词：「密
度」和「浓度」。

——周其仁

　　如果将实施城市更新行动的关注点，从城市要素资源的激活转向整体城市空间的打造，那么对于中国当下数量巨大、分布广泛、情况各异的大小城市而言，首要的空间规划原则就是高度强调城市的集聚和密度。

　　集聚是城市的本质特征，密度是影响城市成败的关键因素。城市相较于农村最大的优势就在于高密度的集聚。通过各种活动的集聚，在空间上达到足够的密度或浓度，才产生了交流、合作、模仿和竞争，进而带来创新和技术进步，提高生产效率。高密度也能够引发集聚经济效益，支持规模效益，降低建设和维护成本。

　　城市在生长的过程中必然会向外扩张，但扩张并不是扩散，扩张的目的依然是为了更好的集聚，实现如万有引力定律的"质量越大，引力越大"的良性循环。而扩散则是对集聚力量的分化，与城市的本质背道而驰。最典型的就是西方发达国家出现的"郊区化"现象，虽然已经存在了相当长的时间并一直持续至今，但不能将其当作一种城市发展的必然趋势。

　　郊区化生活只是工业时代城市的短暂岁月，是城市自身的建设问题加上技术发展、汽车普及、相关政策等多种因素共同造成的。郊区化虽然使一部分居民的生活环境得到改善，但同时导致人们远离城市中心，造成内城衰败，还大幅增加了能源的消耗，对城市乃至全球环境造成了不良的后果。这种扩散的方式显然不是城市发展的正确路径，而更像是一种脱轨。

在国内则呈现出另一番景象。我国 40 年来的高速城镇化过程中，在城市建成区面积疯狂扩张的同时，并未产生明显的分散趋势。这也是由于特定的历史背景，主要是在弥补之前由各种原因导致的城市建设停滞的欠账，释放长期积攒的人口压力。但这种粗放的扩张模式是不可持续的，让城市失去了集聚效应的优势，成为许多城市显露出衰败迹象和趋势的深层原因。这自然也成为城市更新行动当前要解决的最普遍和棘手的问题。

如果对比借鉴美国扬斯敦、底特律等地的经验，我们又会发现，在城市衰退或出现其他问题的情况下，采取精明收缩、重塑核心、造血再生的规划策略，是让城市能够"起死回生"的关键举措。

【延伸阅读】

城市收缩背景下的规划应对

扬斯敦是美国俄亥俄州东北部的重工业城市，美国四大钢铁城市之一。但是，1970 年代的石油危机以及随后席卷全美的去工业化浪潮，导致这座依靠工业和矿业兴起的城市迅速走向衰退。人口断崖式下跌，1960~2000 年，平均每 10 年人口下降 16%；高收入白人阶层流失；老龄化日益严重，65 岁以上人口占比达到 17.4%；房价持续下跌，大量土地闲置，部分建筑年久失修。持续 20 多年的衰退使扬斯敦意识到必须重新认识城市存在的问题。2005 年"扬斯敦 2010 规划"颁布，目标是实现城市的振兴。

城市更新行动：模式
055

规划提出"精明收缩"的策略，在城市收缩发展的同时注重增长性的培育。首先，主动承认了扬斯敦是个更小的城市。在此基础上，一方面基于"少就是多"的原则，选取公众最关注、城市最迫切的需求（如建立城市绿色空间网络、建立具有竞争力的工业地区、多样化的邻里和培育具有活力的城市中心等），通过改善城市环境、提高生活品质来应对持续的衰退。

另一方面，通过制定各类商业发展计划，吸引科技企业入驻中心商业区，从而带来城市中心区的复兴。例如，扬斯敦通过成立土地银行集中、持有、管理以及处置城市中最为麻烦的资产——那些空置、废弃的建筑和土地，把它们更新改造成公园、绿地等公共服务空间，实现了住宅用地减少30%[1]。

此外，"扬斯敦2010规划"还提出了一系列措施，旨在通过保障城市居民的基本权益、提供优惠政策等方式来留住和吸引人口。

虽然"扬斯敦2010规划"在实行过程中遭遇了金融危机、政治波动等因素的打击，但仍取得了相对可观的成效，被认为是精明收缩的典型实践。这种规划更新的导向最终帮助扬斯敦实现了集聚和密度的提高，遏制了衰退的趋势，增加了城市的活力和生命力，使城市重新走上了正确的轨道。

与之相比，"汽车之城"底特律在应对衰退问题时则采取了一种错误的解决方案，试图通过多建博物馆、商业写字楼、各种公共设施来吸引企业，但是在人口外流趋势客观存在、劳动力严重不足的情况下，没有企业愿意进入底特律。短期内，底特律的中心城区确实比之前热闹了许多，但居民的生活质量却没有太多提高，反而加重了政府财政支出。最终于2013年正式申请破产。由此可

[1] 黄鹤.精明收缩：应对城市衰退的规划策略及其在美国的实践[J].城市与区域规划研究，2017(9).

见，要通过城市更新保证城市的高质量增长，人才的聚集是核心，城市发展的重心要从基础设施转向劳动力，只有吸引更多的企业和人才，才能维持城市的活力和竞争力。

站在密度的视角，也有助于我们更好地理解城市更新行动为何要将完善城市空间结构排在八大目标任务的第一位。城市发展具有长期性、复杂性和不确定性，现实中城市发展定位、目标和战略的变化随时会舞动城市规划建设的指挥棒。所以，作为战略和实操的结合，城市更新行动要避免"运动化"的倾向，要有坚持不懈的战略定力，在城市空间结构完善过程中争取立于不败之地。

在现有国土空间规划体系中，城市结构应该由总体规划层面来解决。但面向未来 20~30 年的总体规划也很难保障城市结构规划的预见性和面对城市发展形势变化的适应性，尤其在新的发展阶段，城市发展的要素、动力、需求、政策等都出现更多不确定性，特别是科技发展影响生产生活方式的变革时期，设计远景结构引领城市发展这种"规划 1.0"模式的风险越发增大，这就给了短期优化长期持续推进的城市更新行动以更大的用武之地。

如果城市远景发展的战略目标和空间结构相对清晰，则可基于对趋势环境、周边关系、发展动力、资源配置等的综合判断，分解出城市发展的阶段性目标体系，明确各阶段城市结构形成要点，确定发展路径、阶段策略和重点建设安排，再转换为对城市更新行动的任务要求。

如果城市远景目标与结构因不确定因素而模糊难定，那就需要以近期为重点，先将各种情境下近期实施路径的关键重合部分提炼出来，以其作为"最大公约数"来安排城市更新行动的工作内容，同时保留城市未来发展的各种可能性，让城市更新行动变成一个不断求解和扩大城市发展的"最大公约数"的过程。

总之，相较于过去的规划手段，城市更新行动最大的优势和价值，都在于能够按照"近实远虚"的原则，从容不迫地推动城市问题的改善。即使是城市结构这样重大的、长期性的问题，亦能够通过不断的城市更新行动逐渐消解发展的不确定性，从而得到有效的解决，实现"从容的城市结构，理性的规划建设，无限的未来可能"。

走向『城市的胜利』

弱势人群流向城市证明了城市的优势。

——爱德华·格莱泽

如果将实现"城市的胜利"作为不同城市实施城市更新行动总的目标,那么"胜利"的标准是怎样的呢?

恰如住建部部长王蒙徽总结的:"实施城市更新行动的内涵,是推动城市结构优化、功能完善和品质提升,转变城市开发建设方式;路径是开展城市体检,统筹城市规划建设管理;目标是建设宜居、绿色、韧性、智慧、人文城市。"

未来,或许不同城市都会在物质空间改造方面建立起自己的规范标准,结合定期的城市体检工作,将智慧、人文、绿色、安全等日益丰富的城市发展理念和需求转化为量化的考评指标,督促城市建设向着更少的问题、更高的标准发展。

但除此之外,城市更新行动也是广义的城市空间治理,"善治"应当作为共通的"胜利"标准。而且与物质层面的"体检"不同,治理层面的"胜利"标准应当是结果性的,而不是考评性的。具体而言,我们认为还需要关注以下要素。

首先,是可支付的成本。

通过提供多种多样的工作岗位和公共服务,城市吸引人们前来,但要让人们长期留在城市中,真正成为城市的居民,则需要保障可承受的生活成本。生活成本一直是困扰城市居民的一项普遍问题，在大城市中则显得尤其突出，正所谓"长安居，大不易"。

爱德华·格莱泽在《城市的胜利》一书中指出，弱势人群流向城市证明了城市的优势，"某个地方之所以缺少贫困人口，是因为它缺乏某些重要的东西，如可以负担得起的住宅或公共交通，或技能水平较低的人可以胜任的工作岗位。"所以，实施城市更新行动的城市一方面需要加大在公共服务上的投入，创造更多的收入机会，另一方面是对城市生活成本进行控制和调节，尤其是要避免"绅士化"改造倾向，需为所有人提供可支付的成本，这是聚集的基础。

其次，是更公平的分配。

城市通过提供高质量的公共服务吸引人群，因此公平分配公共服务资源、确保居民享受均衡的公共服务是城市的责任和义务。美国后现代地理学家爱德华·苏贾（Edward Soja）就指出，实现空间公平应成为未来城市发展的基本战略。空间的公平分配主要集中于两个方面的问题。

一是住房。在各种空间权利中，人的居住权利占据首要的地位。住房之于人的生存状态至关重要，并在现实中多以居住空间的形式将其他权利绑定起来（典型如"学位房"问题），直接影响着个人与家庭在现代城市生活中的认同感和幸福感。

二是公共空间和公共服务设施。公共服务的均等化不仅在城乡之间，在城市不同收入阶层之间也应遵循这一原则。这构成了新型城镇化最核心的内容。

2020年中央经济工作会议特别指出，要解决好大城市住房突出问题。住房问题关系民生福祉，要坚持"房住不炒"的定位。因此，公共服务设施和住房保障体系建设，都是城市更新行动需要特别关注的问题。

【延伸阅读】

浦东缤纷社区建设：基于自治共治的社区微更新行动

公共空间如何更好地为市民服务？上海浦东新区以缤纷社区建设为抓手，通过一个个社区微更新项目的实施，让市民们感受到家门口生活环境的改善。

2017 年，浦东首先选择了内环线内的 5 个街道作为缤纷社区试点。通过活力街巷、街角空间、慢行网络、口袋花园、艺术空间、林荫街道、破墙行动、公共设施和运动场所等 9 项行动，让社区公共空间九大要素的品质得到提升，使小区围墙内外发生较为精致的变化，增强社区成员的认同感和归属感，打造具有人情味的社区大家庭。

在缤纷社区建设行动正式实施前，浦东新区政府就联合专业力量进行了积极的制度化探索。2017 年底，为推动常态化管理，浦东新区政府为每个街镇聘请了

一位导师和两位社区规划师，并由浦东新区规划管理中心协助各街镇推进缤纷社区具体工作。

此外，缤纷社区建设还搭建了"9+3+3"的制度框架，居民、居委会、专业人士、社会组织、企业、社区代表、媒体、街道、政府部门这 9 个参与主体形成上、中、下的"三层宝塔结构"，实现社会各方力量有序参与的良性循环格局。

下层为居民、居委、专业人士、社会组织、企业，是缤纷社区建设的具体操作主体。上层为政府部门和街镇，为缤纷社区建设提供支持；中层为社区代表和媒体，起到传导作用。"自下而上"的基层自觉与"自上而下"的顶层设计相辅相成。

不同于以往政府主导的市政项目建设和综合环境改造，浦东新区的缤纷社区建设将公共空间微更新纳入了城市精细化管理和

社会治理创新工作中，探索多元主体协同治理，推进了社区自治共治模式的完善。

资料来源：微信公众号上海民政、上海城市空间艺术季、社区营造师、上海城市规划杂志。

最后，是自组织的调适。

城市的形成与发展受到来自内部的自组织力和来自外部的他组织力的作用，二者的相互交替使城市朝着有序的方向发展。其中，自组织发挥着重要作用。

城市的规划建设作为一种宏观的、综合的、自上而下的他组织力量，必须与居民自下而上的需求相结合，实现他组织与自组织的协调，才能保障城市的良好发展。

在城市更新行动中，需要重点关注对社区自组织体系的引导和构建，与政府、市场主体相互协调，形成合力。通过推进城市更新行动促进城市现代化治理体系的构建，通过权力下放、管理重心下移等方式，为自组织提供更强的动力和更大的选择空间，以最大限度地发挥自组织体系的优势，推动实现城市更新的目标。

肇始于 2015 年的"城市双修"

是城市更新行动的发轫，

奠定了不少重要的工作原则：

问题导向、统筹协调、远近结合、

分类推进、动态维护……

城市更新行动的
当务之急
不是行动起来，
而是行动的
工作框架构建。
不然，
何以促进城市建设
方式转变？

城市更新行动：方法

城市更新行动如何展开？在回答这个问题之前，可能首先要回答"为什么要如此展开"？

作为中国式更新的长期行动，"城市双修"可谓是城市更新行动的前奏。"城市双修"经过 6 年时间、58 个城市的推行试点，虽浅尝辄止，但无论是理念，还是方法论，它都为城市更新行动探究了方向。如供给侧思维、问题导向、渐进式改善等，都让我们对今天的城市更新行动看得更确切和清晰。

下一步如何突破？我们倡导从技术的角度看更新，为此本书率先提出了城市更新行动的工作框架和工作机制，以及与之相配套的公共政策建议，期许让城市更新行动尽快地行动起来。

『城市双修』：一场短暂的预演

『城市双修』挑战了沿用 30 年的中国城市规划理念和机制，可以理解为当前城市更新行动的发轫。

2015 年，中央城市工作会议时隔 37 年重开，成为改革开放后最高层首次为城市建设进行顶层设计。在会议公报及隔年出台的《中共中央 国务院关于进一步加强城市规划建设管理工作的若干意见》中出现了"有序实施城市修补和有机更新""制定并实施生态修复工作方案"等要求。

住建部抓住时机，及时跟进从 2015 年开始的海南省三亚市城市改善实践，梳理出"城市双修"工作思路并于 2017 年 3 月印发了《关于加强生态修复城市修补工作的指导意见》，部署在全国全面开展"城市双修"工作，即：用生态的理念，修复城市中被破坏的自然生态系统，改善生态环境质量；用更新织补的理念，综合运用城市设计等手段，改善和解决城市发展中的突出问题，提升城市特色和活力，塑造良好城市环境，实现可持续发展。

此后，住建部先后推出了 3 批共 58 个试点城市，对"城市双修"的组织模式、相关技术、资金筹措、使用方式、评价标准等进行了广泛的探索，积累了鲜活而丰富的经验教训，可谓实施城市更新行动的前奏。

值得注意的是，在当时语境下"城市双修"的工作内容已是比较全面了。如生态修复包括山体修复、水体治理和修复、修复利用废弃地、完善绿地系统等，城市修补包括补充完善基础设施、增加公共空间、改善出行条件、改造老旧小区、保护历史文化以及塑造城市风貌特色等。

在实施城市更新行动的目标任务中，实施城市生态修复和功能完善工程也是仅次于完善城市空间结构的核心任务。可以说，实施城市更新行动就是新时代下"城市双修"的2.0版本。

相较于常规的城市规划建设手段，"城市双修"在工作机制上的创新是最为鲜明突出的。许多城市都不约而同地总结道："城市双修"是一项"坚持问题导向""争取城市主要领导支持"并"列入城市人民政府的重要议事议程"，在组织上要"近远结合，分类推进""建立长效机制"的工作。更为形象地说，"城市双修"是一场规划编剧——市长导演——全社会共演的"城市运动"，而且不是一次性制作的"影视大片"，应是持续并与观众互动的"情景连续剧"。

这样的工作机制恰是以供给侧改革的思路对当前城市规划建设模式作出的挑战和颠覆。"城市双修"既是对城市规划的供给侧改革，将无限目标倒推式的建设管控转变为有限目标渐进式城市改善，也是对城市建设的供给侧改革，顺应城市转型发展的客观需要，由土地经营转向城市运营，通过建设模式的创新让城市持续提质增效，焕发人本活力。

"城市双修"将完善城市功能、增进民生福祉作为规划建设工作的出发点和落脚点，以"城市诊断"发现问题，以"统筹规划"明确目标与重点，以"行动计划"开展具体部署，以"跟踪评估"检视具体效果，探索建立了一套"城市空间动态维护"的思维和机制，可以提供从发现问题到解决问题再到事后跟踪的工作集成框架。在今天看来，"城市双修"从理念到内容都体现了城市更新的思想和内涵，可以理解为当前城市更新行动的发轫，虽然浅尝辄止，但也已挑战了沿用30年的中国城市规划理念和机制。

【延伸阅读】

"城市双修"的工作机制

住建部在《关于加强生态修复城市修补工作的指导意见》中，明确要求要"健全保障制度，完善政策措施"，具体方式包括以下几点。

1. 强化组织领导。确定"城市双修"工作的目标和任务，明确实施步骤和保障措施。争取城市主要领导的支持，将"城市双修"工作列入城市人民政府的重要议事议程。研究建立长效机制，持续推进"城市双修"工作。

2. 创新管理制度。积极开展"城市双修"试点工作，创新城市规划建设管理方式，探索形成有利于"城市双修"的管理制度。研究城市公共空间拓展的激励机制，建立公共建筑拆除管理程序和评估机制，完善园林绿化管理制度，研究建立生态修复补偿机制。

3. 积极筹措资金。争取发展改革、财政等部门的支持，多渠道增加对"城市双修"工程项目的投入。推动将重要的"城市双修"工程纳入国民经济和社会发展年度计划，保持每年安排一定比例的资金用于"城市双修"项目，发挥好政府资金的引导作用。鼓励采用政府和社会资本合作（PPP）模式，发动社会力量推进"城市双修"工作。

4. 加强监督考核。建立考核制度，严格目标管理、绩效考核和工作问责。

5. 鼓励公众参与。加强宣传工作，提高社会公众对"城市双修"工作的认识。鼓励社会公众积极参与，及时听取社会各界和有关专家的意见，形成良好的工作氛围。深入细致做好群众工作，认真听取群众诉求，维护群众利益，着力解决群众反映强烈的突出问题，让群众在"城市双修"中有更多获得感。

城市更新行动作为"城市双修"工作的进一步拓展和延伸,更是背负着推进城市发展模式转变的战略使命,必须跳出物质空间建设的桎梏来看待当前城市需求,重新认识城市更新行动的价值与作用。

城市更新行动是引领渐进式发展的方法论。它不是在现有城市开发建设模式基础上增加一项工作要求的添砖加瓦,而是中国城市新的建设模式;它不是在目标导向的城市规划体系中增加一项"城市更新规划",而是让城市规划始于当下、用于现实,不啻为一场思想与技术的变革。

城市更新行动是城市成形后持续修炼的工具箱。过去 40 年可以看作中国城市快速"长身体"的阶段,如今身量已经成形的城市需要迎接更具难度的修炼,不仅要锻造城市的"血、骨、肉",更要传承和强化城市的"精、气、神"。城市更新行动正是在为每一座城市量身提供最适宜的修炼工具和定制菜单。

城市更新行动是新阶段精明增长的锦囊袋。如果说增量建设是"一张白纸好作画",那么存量运维就是"螺蛳壳里做道场",受到方方面面的限制和约束,要极其细致地处理好城市系统复杂性和管理要求精细化这对矛盾。城市更新行动是对城市问题的精准施策、"靶向治疗",是"像绣花一样"开展新阶段的城市空间治理。

搭建城市更新行动的工作框架

城市更新行动应建立在一套工作框架和流程的基础上，支撑它在实施中拥有立足之地。

城市由"建设时代"进入"运营时代"，对城市治理提出新的挑战。原有的城市规划建设框架已经不能适应新时期复杂的城市发展和治理需求，而城市更新行动作为城市发展模式转变的重要抓手，需要构建一套新的工作框架。

要搭建城市更新行动的工作框架，**首先**要明确指导理念和原则。要从城市特征和问题出发，按照渐进式的思路抓住城市发展的关键问题，明确城市更新的阶段性目标，通过"连续有限比较"的方法，将关注点放在渐进式的、切实可行的方案上，进行快速有效的更新，提高行动效率。

其次要处理好城市发展建设中长远和近期、整体和局部、重点和一般的关系，梳理好问题的轻重缓急，与具体行动相结合，更加关注当下，强调现实需求，安排项目行动的主次先后。

最后要综合考量经济能力、管理能力、组织架构、建设成效、实施路径等影响项目行动实施的因素，制定分空间、分部门、分时序的项目行动实施导则，多管齐下，形成可持续的、动态长效的工作制度。

结合"城市双修"工作的经验，我们提出如下的总体工作框架参考建议，主要包括城市体检评估、行动统筹、实施考核、反馈调校四个阶段，构建一个周期性动态循环的城市更新行动流程。

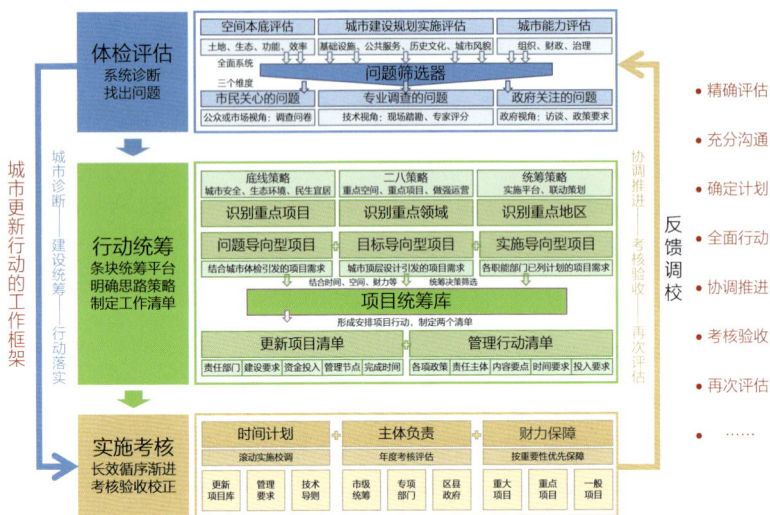

图 12　城市更新行动总体工作框架设想

体检评估

对城市的认知是推进更新工作的基本前提，其具体途径就是坚持城市体检评估先行。传统的规划评估或针对规划成果本身，就规划落实情况进行对照评估，或结合部门工作要求，就工作达标情况进行量化考核，均缺乏对城市运行状态的综合考虑，不能直接指向城市问题的解决路径。

因此，城市更新行动需要围绕城市运行情况开展全方位评估，主要内容包括生态环境评估、城市建设和规划实施评估以及城市能力评估"三个评估"，准确把握城市现状和更新需求，使评估工作不仅可以检验"上一轮"规划效用，还可以为"下一轮"规划决策服务。

具体来说，要通过生态环境评估，对城市山体、水系、湿地、绿地等自然资源和生态空间开展摸底调查，找出生态问题突出、亟须通

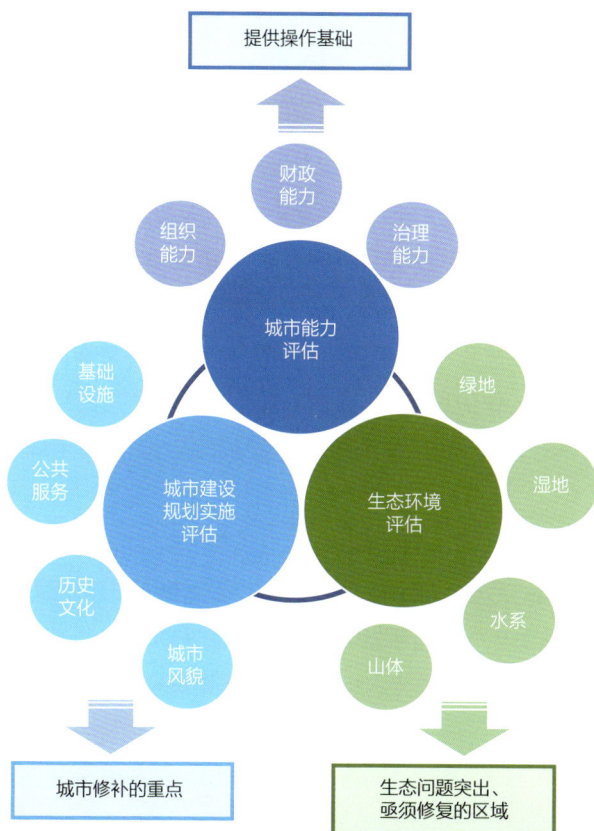

图 13 城市"三个评估"的主要内容

过更新进行修复的区域；通过城市建设和规划实施评估，梳理城市基础设施、公共服务、历史文化保护以及城市风貌方面存在的问题和不足，明确城市建设方面的更新重点；通过城市能力评估，判断城市组织能力、政府财政能力和社会治理能力，为因地制宜地制定可实施的城市更新行动工作方案提供操作基础。

通过"三个评估"，可以对城市更新行动的需求及其可行性作出准确判断。例如，温带城市与热带、亚热带城市对人行道建设需求有所差异，2021年5月广州发生的"榕树被砍"事件，政府的意图或许是优化城市绿化、改善步行空间，但广大市民出于榕树承载的文化记忆和遮阴效果，对此极为抵制。再如，财政能力较差的城市，就必须对行动项目有所取舍，避免平均用力，优先解决事关民生福祉的重大问题。

因此，评估工作应遵循"以人为本"和可持续发展的城市更新理念和价值导向。例如，要关注民生方面的指标，拒绝形式主义，以能否提高群众满意度和获得感而不是领导意志作为评价标准；要重视对自然生态环境的保护和利用；要判断城市发展能力是否长效持续，避免急功近利的现象；要保障城市的多样性和活力，防止千篇一律的单调秩序。

通过"三个评估"工作可以找出当前城市发展所面临的诸多问题，包括生态环境的问题、城市建设的问题、规划建设工作能力和机制方面的问题。而如此多的问题想要仅凭一个周期的城市更新行动进行解决是不现实的，因此要确定有限目标，根据发展阶段、实施环境等提炼具有针对性的工作。

在这方面，可以通过"问题筛选器"实现从繁复的现状问题向有限的工作任务的收敛。"问题筛选器"可以从市民关注的问题（调查问卷）、专业调查的问题（专家评分）以及政府关注的问题（座谈收集）三个维度出发，依据不同权重，包括群众的关注度、影响问题的重要性等来筛选评估识别的问题，从而明确工作的重点问题，切实保障城市更新行动能够实实在在地解决"城市病"，促进城市生态环境的修复和城市功能、空间环境的优化提升。

【延伸阅读】

"城市双修"的问题筛选器

在深圳市龙华区观澜街道"城市双修"规划工作中，项目组在规划内容上，结合观澜特质和住建部文件，进行了更为广域的研究。

首先，通过政府、企业、公众、专业等"多维评估"，开展了生态系统、基础设施、老旧住区、城市风貌等 10 项专题评估，建立了"问题筛选器"，实现了现状问题向"双修"工作目标的收敛。

然后，在问题和目标的双导向上，提出了"一镇两脉三片、双轴四河九路"的城市发展结构，明晰了近-中-远期发展目标和工作重点。在此基础上，提出了四大聚焦、六大专题：①生态为底，聚焦安全隐患保底线；②民生为根，聚焦城中村补民生；③风貌为表，聚焦重点区域塑风貌；④文化为魂，聚焦传统古村兴文化。同时，衍生出挡墙美化、旧村整治、宗祠复兴等二十大具体行动，开展"针灸式"的精准治理。

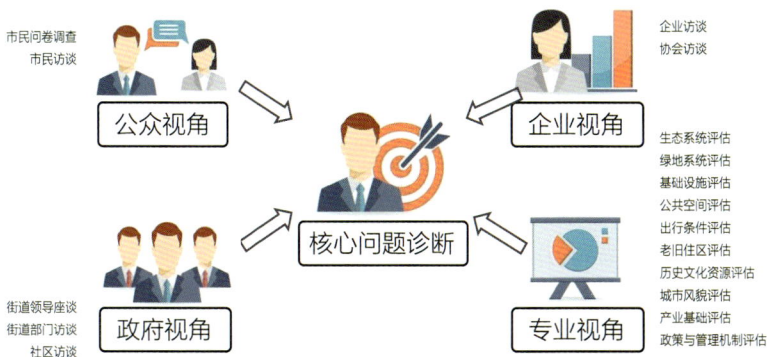

市民问卷调查
市民访谈

企业访谈
协会访谈

公众视角

企业视角

核心问题诊断

街道领导座谈
街道部门访谈
社区访谈

政府视角

专业视角

生态系统评估
绿地系统评估
基础设施评估
公共空间评估
出行条件评估
老旧住区评估
历史文化资源评估
城市风貌评估
产业基础评估
政策与管理机制评估

图 14　以"公众、企业、政府、专业"的四维视角共诊核心问题

行动统筹

城市更新行动量大面广，涉及不同部门和各个基层，不加以统筹无法确定工作的主次、轻重、缓急。因此，在体检评估的基础上，要跟进作好城市更新的统筹谋划，合理确定城市更新重点。

我们可以通过目标、技术、资金的"三个统筹"，科学确定具体工作及其实施安排。**目标统筹**是为了确保各项工作在方向和空间上形成合力，能快速打造出一批"示范领域"和"亮点地区"。**技术统筹**是为了确保各项工作在技术上可行，在专业上协作，形成良性的工作组合关系和实施次序，采用综合手段解决各类城市问题。**资金统筹**是确保合理利用有限的投资能力，充分发挥政府财政投入的杠杆作用，调动社会资金，引入政府与社会资本合作模式，为更新提供财力保障，确保项目在财力上可负担，在投入上有计划。

按照二八定律，在城市更新行动工作中，应当首要关注那些标志性、引领性、关键性的少数项目和行动，抓住城市发展的痛点和堵点，集中于有限目标，识别重点空间和重点项目，以关键点撬动全局，用重点带动一般。要在充分统筹结合已有规划和已部署工作的基础上，按照"底线保障—重点突破—统筹推进"的总体思路，针对更新的要求，谋划策划一批具有"点睛"效果的关键性项目和行动，形成以点带面的示范效应。

通过"三个统筹"以及重点识别，结合城市更新的实际需求，完成对项目的筛选并构建项目统筹库，所选项目主要来自三个方面：

一是问题导向型，主要是通过城市体检评估识别出的城市现实亟待改善的方面而引发出的项目需求；

二是目标导向型，结合城市顶层设计制定的发展目标，如根据各类城市编制的发展规划和计划等策划生成的项目需求；

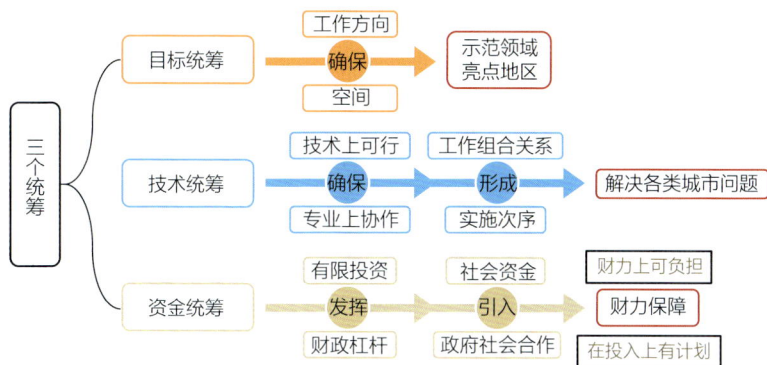

图 15 目标、技术、资金"三个统筹"的工作思路

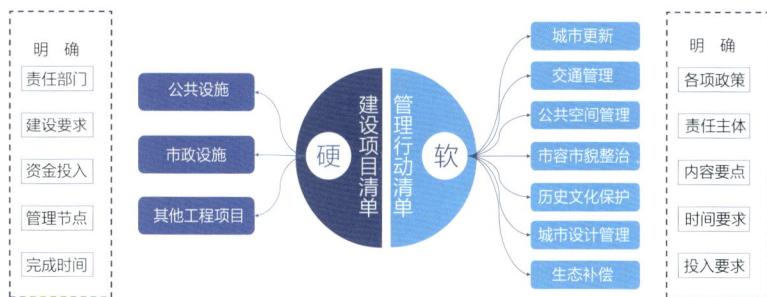

图 16 建设项目清单和管理行动清单的主要内容

三是实施导向型，主要是收集各个职能部门依据专项规划落实开展的实施性项目。

在项目统筹库的基础上，结合时间、空间、财力等条件进一步决策筛选，制定城市更新规划和年度实施计划，划定城市更新单元。在筛选原则上，一方面要重视城市更新行动工作的长效性特征，切忌短视和冒进，另一方面要重视实效管理，让具体工作安排可量化、可操作和可考核。

具体而言，可从软硬两方面制定建设项目清单和管理行动清单，有效指导工作实施和后续监督考核。

　　建设项目清单是"硬工程"清单，明确项目的位置、类型、数量、规模、责任部门、建设要求、资金投入、管理节点和完成时间，形成自成体系的点、线、面项目包，以利于分项、分期、分片推动实施更新。

　　管理行动清单是"软行为"清单，要创新城市规划建设管理方式，在城市建设、交通管理、公共空间管理、市容市貌整治、历史文化保护、城市设计管理、生态补偿等方面探索新型管理政策，明确各项政策、行动的责任主体、内容要点、时间要求和投入要求，通过长期坚持、分步实施的方式，逐步推进相关工作，形成常态化和渐进式的建设方法，保障长久效力和实施效果。

　　为了提高工作效率，应该采用"着眼全局、突出重点"的基本思路，推动"两个清单"的落实。例如，对项目的重要程度进行排序，结合市民需求、政府财力、工程可行性等相关条件的评价，选择最为重要的工作项目和空间节点进行重点建设，优先解决重点问题和突出矛盾，争取达到"以点带面、盘活全局"的良好效果，进一步带动更新工作的持续开展。

实施考核

　　城市更新行动是一项持续不断、循序渐进的长期工作，应摒弃时限的概念，建立动态工作实施机制，持续保障城市更新行动按计划有序实施。

　　第一，要加强对更新行动实施的管理工作，通过对城市的经济、社会、制度等各项要素作用的认识，从时间、财力、组织三个操作维度综合考量资源条件，明确项目实施计划。

　　时间维度上，要提出更具可行性的实施时序安排，明确阶段性目标，制定项目实施的时间计划，以提高实施效率。**财力维度**要求对城市经济水平、政府财政能力、社会投融资模式等进行综合，从而决定更新项目的建设内容和建设标准，合理安排建设时序和资金，提出投入模式和盈利模式的建议，进而保障方案在经济上可行。**组织维度**则是要落实实施主体，结合地方及实施主体的体制机制，确定规划的实施计划，并提出政策、机构、执行等方面的保障措施。

通过从时间、财力、组织三大维度制定综合性的项目实施计划，确保空间组织的效率，将工作内容具化到详细的物质空间安排，使更新行动能够科学有效地实施。

第二，要强化实施机制的设计，围绕城市规划、建设、管理三大环节分解工作任务、明确工作要求、建立责权机制、开展评估考核。考核结果又可以作为"三个评估"中城市规划建设实施评估的重要内容，从而形成评估、实施、反馈到再次评估的完整行动闭环。

第三，要明确项目的组织实施流程及模式，在确保工作快速铺开的同时保证合法性和科学性。例如，应强化部门协同，相关责任部门和设计单位要参与后续工程项目的方案指导和审查，确保项目体现落实更新意图和要求。

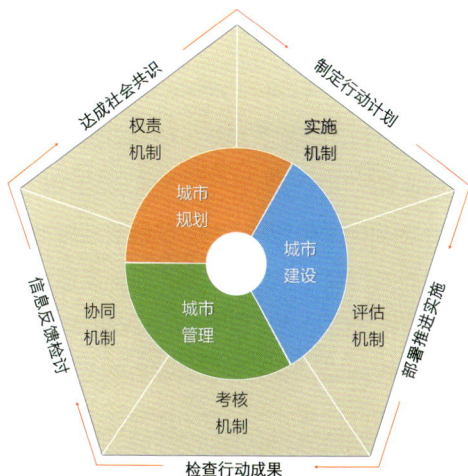

图 17 构建城市更新行动的长效工作机制

第四，要加强对实施效果的监督和反馈，开展目标、工程、行动的年度实施成效评估考核，评估最初计划要解决的问题是否已经解决或者计划要达到的目标是否已经达到，在评估的基础上查漏补缺，更新项目库，结合评估考核结果，调整操作方案，改进相关管理政策和规定，细化技术导则，强化实施效果，滚动修正确定下一年度工作要求。

第五，要明确考核主体，在市一级进行统筹，各专项部门负责专业内容，由区县政府组织落实各自管辖范围内的考核工作。

最终建立起"达成社会共识—制定行动计划—检查行动成果—信息反馈—达成新的社会共识"这样一种滚动推进、螺旋上升的长效工作机制，将更新作为解决城市问题的常态化的工作，促进城市健康可持续的发展。

反馈调校

要保障上述城市更新行动长效工作机制的顺利运行，还有非常重要的一点就是建立良好的反馈通道和体系。这种反馈不仅包含考核体系中各级主体之间的上下反馈，也应该重视社会公众意见的反馈。

首先，要完善信息基础设施建设。一方面用来提升对城市运行状态的实时感知能力，减少城市更新行动和项目实施过程中的时滞效应；另一方面用来对城市更新行动实施效果进行信息采集和偏离提示，特别是针对影响公共利益项目的实施效果进行实时监测评估和预警分析。

其次，要建立畅通的信息反馈机制。结合智慧城市信息基础设施建设，建立以大数据为支撑的信息反馈机制，打通反馈和沟通的渠道，使城市更新行动能够真正地聚焦于社会治理的痛点和难点问题。

最后，要推动公众参与。反馈工作需要政府、社会、市民三大主体的共同参与和推动，通过智慧城市建设，搭建直观展示、民主决策、便于操作的公众参与平台，为各方参与城市更新建设提供便利的渠道，真正实现城市的共建共享。

数据分析的结论、各个渠道反馈的意见建议，应纳入城市更新行动下一循环的体检评估环节统筹考虑，可以检验工作成效得失，也可以检讨工作方法成败，冒进的要遏制，浪费的要杜绝，忽视的要补救，从而避免每次工作都要重起炉灶，花费大量人力物力。这样，整个城市更新行动的工作操作机制就能顺畅地循环运作，真正实现所谓"科学规划，从容建设"。当然，这里面的"科学规划"，并非编制一个规划包揽一切，而是如前文所述，构建一套科学的规划工作框架。

公共政策护航
城市更新行动

公共政策为某项目标、价值与实践而设计。政策的设计本身就是门科学，需要极高的技艺。

城市更新本身就体现出一种立足于空间的公共政策属性，可以视作一项城市公共政策的设定和实践过程，城市更新的成功与否与城市建设和更新制度息息相关。因此城市更新行动工作体系的顺利运行，相关政策措施的制定优化至关重要。参照住建部城市更新试点工作的要求，公共政策创新重点要围绕城市更新的统筹谋划机制、可持续模式和配套制度政策来展开。

建立城市建设综合协调"双平台"

在空间规划体系中，总体规划的实施需要通过分解成具体的实施计划进行落实。多年来深圳、广州等地的探索证明，提升近期建设规划地位，通过近期建设规划和年度实施计划将总体规划的要求聚焦，落实到五年和每年度，可以有效地依托建设项目和土地供应落实总体规划意图。

在此基础上，笔者在 2004 年就提出并长期呼吁，应进一步建立"近期建设规划"和"国民经济与社会发展五年规划"的"双平台"关系，前者统筹空间资源，后者统筹公共投资项目和资金，保证经济社会发展目标和各项建设任务及时并有效落实。由于社会经济发展规划以五年为周期，与近期建设规划周期一致，因此两者可同步编制，互相补充协调。

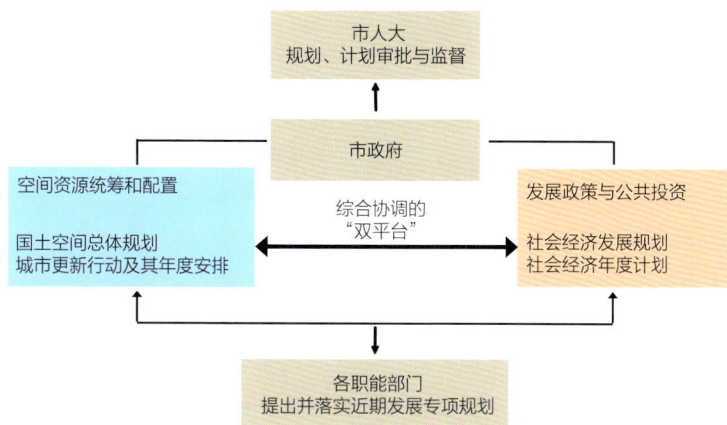

图 18 城市建设综合协调"双平台"体系示意图

近期建设规划作为社会经济发展规划确定的重大建设项目的空间资源统筹和配置平台，在城市空间布局中进行合理安排，并提出项目调整、补充和完善的建议，保证重大项目在公共投资方面形成合力。

而今，城市更新行动的提出为"双平台"建设提供了新的抓手。城市更新规划可以作为近期建设规划的替代工具，构建新时代下的"双平台"体系。一方面将城市更新行动的目标和计划反映在社会经济发展规划中，以引导城市未来发展的政策导向和公共投资的投入方向；另一方面在城市更新行动中将项目实施计划在空间上进行落实，并进一步分解到年度更新实施计划中。

融入国土空间规划"一张图"成为"阶段行动施工图"

城市更新行动要充分融入国土空间规划的实施体系当中。城市更新行动可以作为对总体规划明确的近期建设和空间整治项目的一种落实途径，同时还需与国土空间专项规划及各职能部门的发展规划进行衔接，

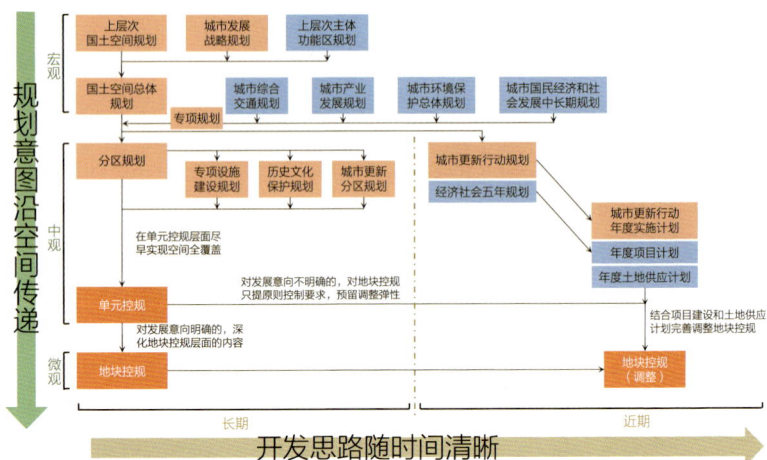

图 19　城市更新行动融入国土空间规划实施体系

并在长期实施过程中与国土空间详细规划的动态调整结合起来，实现城市更新行动在现行规划体系下的充分融入，甚至将城市更新行动作为规划实施的"年度施工图"纳入国土空间规划监督实施"一张图"管理系统当中。

在空间上，建立起"宏观层面稳定、中观层面法定、微观层面可调"的多规体系，保障规划意图逐层分解、向下传递。城市更新行动直接与单元控规、地块控规的修编和动态维护挂钩，在深化落实上层次强制性控制要求的同时，保留适当的调整空间，以应对弹性发展的需要。

在时间上，城市更新行动结合近期建设规划及其年度实施计划（如果没有构建"双平台"的话）、国民经济和社会发展五年规划及其年度项目计划，以及年度土地供应计划等清晰的近期发展意图，梳理近期可行的城市更新行动项目库和行动库，促使规划远景目标向现实转化。

重心下沉，强化在地服务

制度经济学认为，政府的大量职能都可以被分散化，并由相互竞争的机构承担，因此应该将集体行动中的每一项任务放置在尽可能低的政府级别上。而且，行政架构中处于较低层次的政府与民众更接近，能够更好地反映民众的偏好。

就城市更新工作而言，重大决策部署由城市政府制定，但在具体落地时需要更接地气的基层政府结合自身空间条件加以协调匹配、校正落实。因此，城市更新行动不能延续原来一统天下式的"统一规划—统筹实施"操作模式，而需要探索一种市区两级啮合联动的"齿轮式"操作模式。

齿轮模式下，市区两级是处于"战略与战术"层面不同角色分工的主体。"市"驱动，制定战略部署并考核督察；"区"操作，制定战术方案并组织实施；"区"对"市"有反馈，"市"对"区"有调适，两者啮合联动才能顺利运转。

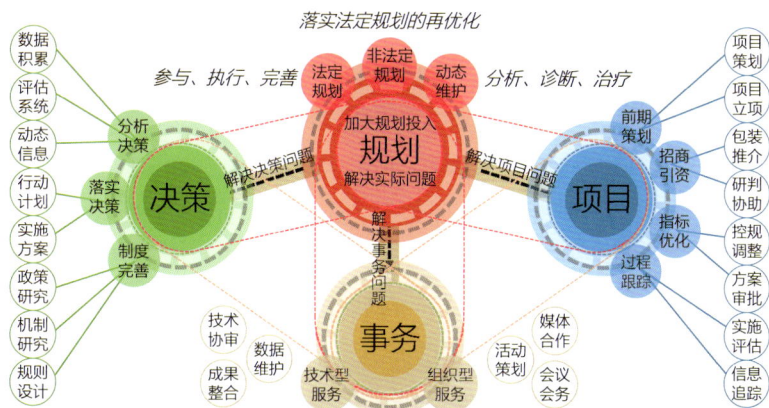

图 20　在地化服务涉及的领域和主要内容

"上边千条线，下面一根针"。掌控有限资金、面对复杂利益、限于时间节点，基层政府作为城市更新的"微操"者，无时无刻不面临着取舍、主次、先后、难易等选择难题，在缺少对应规划品种和技术力量的情况下，需要的是下沉式的"在地服务"。

"在地服务"不仅可以提供传统规划设计及其延伸类型的技术服务，包括规划动态维护、第三方技术服务等，更重要的是，还能提供政策决策和项目落地的过程性支持服务。城市更新的各项行动将会转换为具体政策措施和建设项目，在政策制定、执行和项目策划、落地时，需要规划师联合其他专业人士，适时适地地针对难点重点提供专业意见。

过程服务的价值远大于提供一纸规划。在服务品种上，相比以往编制城市更新规划，提供"城市建设一体化综合咨询"和"地区总设计师"服务是一种更佳的选择。

建立"城市更新行动操作系统"，高效率推进行政操作

城市更新行动的提出正当其时，试点工作应当有序开展，但转变城市建设模式的时机不可错过。针对许多地方及不同部门对城市更新行动的理解存在诸多偏差的现状，以及城市更新行动在理论和技术上已经比较成熟的情况，住建部应当制定全国通用版本的"城市更新行动操作系统"，规范城市更新的领域与事项，建立城市更新行动的工作程序，统筹囊括"评估——计划——实施——反馈"的管理操作平台，让全国所有城市都在通用版的指导下作出针对性的选择，规范并强力推进城市更新行动。

建设城市更新行动操作系统，既可以作为对下级城市更新行动工作开展情况的监控渠道，类似 OA（Office Automation，办公自动化）系统进行城市更新项目的全周期动态管理，从而落实国家关于开展城市更新行动的政策精神和要求，也可以借此将清城市更新行动开展的工作机制，加强城市建设诸多部门诸项工作的条块统筹。近期阶段，

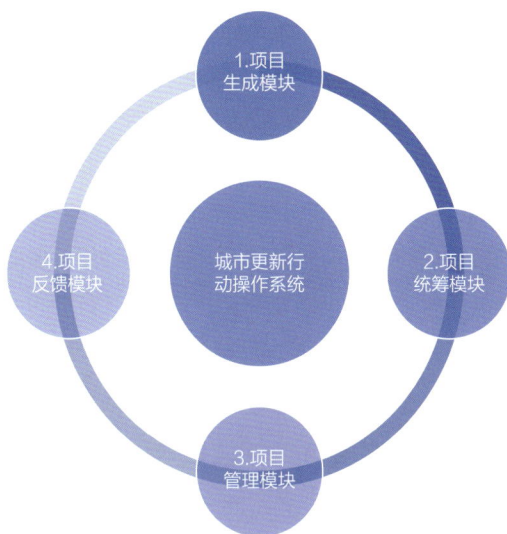

图 21　城市更新行动操作系统架构

城市政府利用操作系统填报项目、反馈需求，上级部门主要用于工作监控、情况统计。未来，操作系统还可开发更多的功能，例如实现城市更新行动项目需求与解决方案乃至供应商的自动匹配，大幅提高城市更新行动工作的整体效率和信息化水平。

　　根据前文搭建的城市更新行动工作框架，操作系统由项目生成模块、项目统筹模块、项目管理模块和项目反馈模块四个功能模块构成。项目生成模块从问题导向、目标导向和实施导向出发，策划、梳理更新行动项目，归入待选项目库。项目统筹模块考虑时间、空间、财力等因素，借助软件辅助人工完成综合决策，对项目进行筛选、归并和安排，形成城市更新行动的年度综合计划。项目管理模块按项目名称、责任部门、实施主体、实施进度、投资安排等，针对项目建立项目档案，应用于项目实施过程中。项目反馈模块针对每一个项目实施完成后进行评估，将评估结果反馈并录入到系统中。评估结果也可指导新的项目生成，从而构建循环操作流程。

健全规则制度体系

城市更新是一项复杂的社会工作，需要建立起一套完善的、行之有效的城市更新政策法规体系，加强城市更新专门法律制度建设，确保城市更新行动的合法性、权威性和公平性。

政策法规方面，首先，要制定城市更新行动的纲领性文件作为制度体系建设的基础，确立法定的城市更新程序，在其基础上逐步建立健全面向城市更新规划、建设、管理、运行、拆除等全生命周期的管理制度。其次，要制定城市更新行动相关规划编制和审批办法，完善城市更新规划的内容体系和管理体系。再次，要分类探索更新改造技术方法和实施路径，鼓励制定适用于存量更新改造的标准规范。最后，要探索完善社会资本参与机制，健全公众参与机制。

例如，广州建立了"1+3+N"的城市"三旧"改造规划体系，近期又升级为"1+1+N"的新一轮城市更新政策体系。其中"1+1"指《关于深化城市更新工作推动高质量发展的实施意见》和《广州市深化城市更新工作推动高质量发展的工作方案》，"N"指15个配套政策文件，对有关内容进行细化落实，突出可操作性。

管理机制方面，城市更新行动是城市建设模式的重构，应当建立新的责任机制。党委、人大、政府要将城市更新行动作为重大事项纳入议事与决策议程，政府的主要职责就是通过实施城市更新行动持续改善城市，落实党的方针政策和施政安排，系统高效地完成城市运营的行政任务。须进一步理顺各级政府与部门主体责任，构建强有力的协调实施机制。在城市更新工作逐步开展之时，广州、深圳、上海等城市均设立了专门机构来推进城市更新，出台了相应的管理办法和配

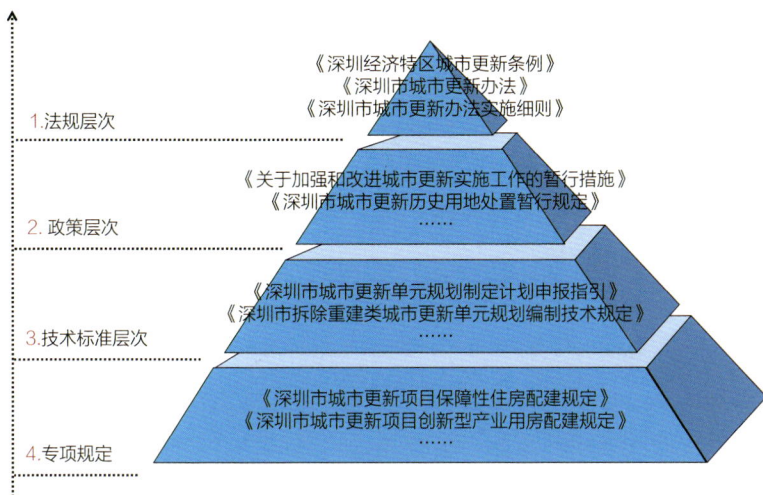

图 22　深圳的城市更新技术与制度体系

套政策，建立了针对城市更新项目的规划编制、审批和实施路径。城市更新行动提出之后，各城市更应该深刻认识其重要性和急迫性，建立更权威、更有力的行政架构。北京市《关于实施城市更新行动的指导意见》提出北京市委城市工作委员会所属城市更新专项小组负责统筹推进城市更新工作。

在管理传递上，要建立健全政府统筹、条块协作、部门联动、分层落实的工作机制。加强政策创新，深化"放管服"改革，支持各区推进城市更新工作。各区政府要强化责任落实，制定更新计划，建立任务台账，组织街道（乡镇）将各项任务落实落地落细。

完善激励保障措施

为了更好地推进城市更新行动，还需要强化相关激励政策和保障政策的供给力度，鼓励各方主动参与到城市更新工作中，并提供在土地、规划、建设、园林绿化、消防、不动产、产业、财税、金融等相关配套政策等各方面的政策保障。

在**激励政策**方面，采取政策优惠如规划指标调整、税收奖励、容积率奖励等方式鼓励各类主体参与城市更新行动。建立城市公共空间建设激励机制、生态修复补偿机制等，形成配套管理制度体系。

如北京市提出建立城市更新正面清单，对于符合规划使用性质正面清单，保障居民基本生活、补齐城市短板的更新项目，可根据实际需要适当增加建筑规模；用地性质调整需补缴土地价款的，可分期缴纳；鼓励老办公楼、老商业设施等老旧楼宇升级改造、调整功能、提升活力，发展新业态等。

【延伸阅读】

英美城市更新中的主要激励保障政策

英国通过一系列政策保障城市更新计划的实施和资金的使用。

例如，**"城市挑战"计划**是由英国中央政府设立"城市挑战"基金，要求竞标主体是由地方政府、私营部门、当地社区或志愿团体联合组成的合作伙伴组织，同时要求地方政府、私营部门、社区三者共同制定和执行城市更新计划。城市挑战计划的实施期为 5 年，每年中标项目都可获得共 750 万英镑的资助，同时计划实施的成效和经费使用的情况会定期受到严格的审查。

"综合更新预算"（SRB）基金也是通过竞标的形式资助地方上不同规模的城市更新项目。SRB 对衰落地区的需求作出良好回应，同时对社会问题给予了更多的重视，在这些衰落的地区当中，基金的大部分流向了失业率高和家庭收入低的地区。

"社区新政"和《社区新政计划》则是英国中央政府基于地方贫困指数挑选更新地区参与竞标，并划出更小范围作为更新对象。社区新政所设的目标主要关注五类问题的解决，包括惨淡的就业前景、高企的犯罪率、萧条的环境、劣质的社区管理和缺位的公共服务，同时基于不同目标设定针对性的更新政策。

美国为推动城市更新在税收融资方面制定了多项政策。

税收增额筹资（Tax Increment Financing，TIF）是美国州和地方政府层面提出的一种基于地方房产税增值的融资方式。其原理是地方再开发机构选择再开发地区划定为 TIF 政策区，拟定再开发规划并批准具有潜力的项目，预估项目费用和周期，在 TIF 政策实施前（基年）对地区物业税现状、收入来源、未来物业增值收入进行评估。在 TIF 政策期内冻结政策区内所有房地产评估价值，政策期内由于经济发展带来的房地产评估价值的上涨将用于支付 TIF 政策区内的公共基础设施改善和再开发项目，也可转移至其他 TIF 政策区用于开发投资。

商业改良区（Business Improvement Districts，BIDs）作为一种基于商业利益共赢、地方和商业团体自愿联盟、以抵押方式开展的自行征税资金机制，运作资金来自商业区内各业主根据物业评估价值自愿负担的地方税、地方政府拨款和公共资金筹集。各地方基本根据物业的建筑面积、建筑临街面、物业区位、物业使用性质，或物业评估价值向 BIDs 内业主收取地方评估税。收取的地方税通常用于商业区内的市场营销、维护和保洁、安全、政策提倡、小范围设备改造、交通和停车设施以及规划和设计倡导。公共服务是 BIDs 每年预算的主要支出方向。

再如,《重庆市城市更新管理办法》中则对发展文化创意、健康养老、科技创新等政府扶持产业,整合零星土地,增加公共服务功能等更新方式都规定了奖励办法,并提出开展城市更新项目竞争性评选,对具有示范效应的项目予以适当的财政资金奖补激励。

保障政策主要集中于资金支持方面,包括设立专项资金、税费减免、财政补助、融资政策支持等,发挥政府资金引导作用鼓励市场主体参与投入,拓展资金筹集渠道。

如上海设立了800亿元城市更新基金用于支持城市更新建设。北京提出鼓励市场主体投入资金参与城市更新,鼓励不动产产权人自筹资金用于更新改造,鼓励金融机构创新金融产品,支持城市更新。

再如,重庆提出多渠道筹集城市更新资金,包括政府财政、金融机构融资、市场主体投入、土地使用权人和房屋所有权人自筹以及其他符合规定的资金。

结语

城市研究的第一科学问题是基本概念的正确性。

——周一星

对周一星先生的这句话，我一直深以为然。通过这本小书想讨论辨析的，也无非就是城市更新行动的概念问题。基于前述的思考，我得出的答案或者主张，可以概括如下。

1. 对于国家宏观经济，城市更新行动应当上升为国家"城市更新战略"。自 2008 年"四万亿计划"以来，每一项国家战略往往都被解读为吸纳巨大投资的新平台和"蓄水池"，先后已有"铁公基"、房地产、新基建、新农村、新能源等题材，基本遵循了"条条"体制，且具有范围窄、投资大、决策易、实施快等特征。然而对于中国长期且高质量发展的要求来讲，针对城市的有效投资才是促进经济社会环境文化发展最高效的投资。但城市是复杂的有机综合体，投资城市一定是繁杂、琐碎、缓慢的，要求更多的研究、更广泛的决策和更系统的实施，这是"块块"治理的突出特征，也是中国进入"城市时代"后不可规避的体制性"必答题"。城市更新行动实际上就是策划每年的城市投资行动，持续性地引导城市不断改进。从这个意义上来说，城市更新行动的定位偏低且不明确，因而对行动效果的预期难以乐观，应当上升为国家"城市更新战略"，建立更高的目标，赋予更高的地位，配置更多的资源，建立更科学的机制，近可成为国家巨大投资需求中最大的"蓄水池"，远能为国家可持续高质量发展发挥巨大的作用。

2. 对于城市建设，城市更新行动应是"模式升级"。城市的发展是长期的，快速扩张只是阶段性的，更新提升才是常态。中国近40年的城市发展是重大的历史机遇，已有成就功莫大焉！但其基本特征和整体机制都以扩张新建为主，扩张的规模已经超过理性需求，难以为继。面对已经到来并长久持续的存量提升形态，城市更新行动不但要回应经济发展方式转变的机制重建问题，也要解决城市建设方式转变的方法探索问题，建立城市可持续高质量发展的新模式。各级决策者眼中早已觉察到新趋势，但脚下却仍踟蹰于旧路径，这时候必须加强国家层面的方向把控、机制引导和政策保障，才能激发城市全方位的"万象更新"。

3. 对于地方政府，城市更新行动应是施政"手段"。城市更新行动是继"近期建设规划""城市双修"以来对存量发展状态下城市建设机制的进一步升华，应当成为今后各级城市政府施政的重要手段。新的城市发展理念、新的解决问题路径、新的资源调配平台、新的项目统筹机制、新的市区联动模式、新的公众参与渠道……几乎新时期城市治理的各个方面，都可以借城市更新行动这个平台进行持续渐进的探索。因此，城市更新行动先要形成方法论，再制定出任务单，结合城市政府工作实际，量身提供最适宜的修炼工具和改善行动。

4. 对于城市规划，城市更新行动规划应是行业发展的重大"方向"。在国家发展的新时代，既要通过国土空间规划改革，抓好宏观层面的全域全要素统筹，制定并严格落实管控底线和规划要求，理顺国家空间治理的机制；也要引导城市层面以现状为基础进行渐进式改善提升，以适应人本化服务、精细化治理需求。城市更新行动要求从无限目标倒推式的"城市规划1.0"，升级为有限目标渐进式的"城市规划2.0"。城市规划不能仅在传统工作平台上加入操作要素和内容，更需要探索一套从决策支持到决策实施的工作机制。更确切地说，未来城市规划的核心任务要从规划增量转到升值存量，从设计城市建设转到为城市运营提供咨询，让城市从"长身体"到"长智力"。

一言以概之，城市更新行动既不能"窄化"为狭义的"更新"，也不能"矮化"为单薄的"行动"。城市更新行动的概念问题不容轻视，只有先"正名"，而后才能够"顺行"！

图书在版编目（CIP）数据

城市更新行动 = Urban Regeneration Action：新
时代的城市建设模式 / 王富海著 . —北京：中国建筑
工业出版社，2022.1
ISBN 978-7-112-26939-6

Ⅰ.①城…　Ⅱ.①王…　Ⅲ.①城市建设—研究—中国
Ⅳ.① F299.2

中国版本图书馆 CIP 数据核字（2021）第 249609 号

责任编辑：刘　丹　陆新之
书籍设计：康　羽
责任校对：姜小莲

城市更新行动 Urban Regeneration Action
新时代的城市建设模式
王富海　著

*
中国建筑工业出版社出版、发行（北京海淀三里河路9号）
各地新华书店、建筑书店经销
北京雅盈中佳图文设计公司制版
北京雅昌艺术印刷有限公司印刷
*
开本：880 毫米 ×1230 毫米　1/32　印张：$3\frac{3}{8}$　字数：89 千字
2022 年 1 月第一版　2022 年 1 月第一次印刷
定价：**48.00** 元
ISBN 978-7-112-26939-6
（38761）